Faszination Trailrunning

Ein Praxisbuch für Einsteiger und Ambitionierte

Stefanie Seiler-Runge
In Zusammenarbeit mit
Marika Schmidt und Oliver Fischer

NEUER SPORTVERLAG

Inhaltsverzeichnis

Kleidung und Ausrüstung 16

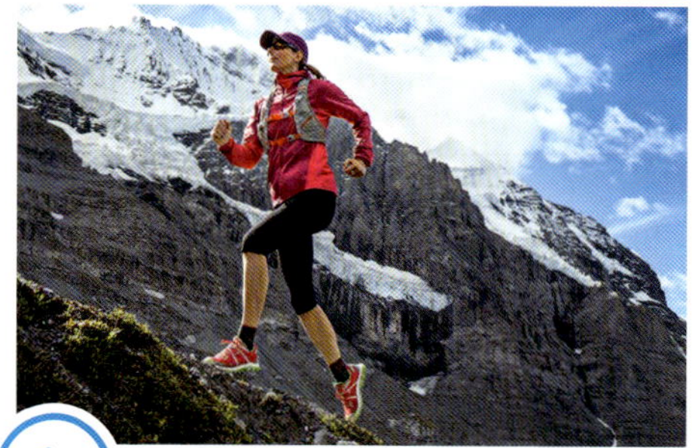

Schlechtes Wetter gibt es nicht! 18
Schuhe 20
Kleidung 26
Laufgürtel und Laufrucksäcke 34
Spezielle Sonnenbrillen 39
Stöcke 40
Outdoor-Laufuhren 42
Stirnlampen 44
Laufen bei kalten Temperaturen 46
Was muss mit? 48
Kurz zusammengefasst 52

Umfassendes Körpertraining 54

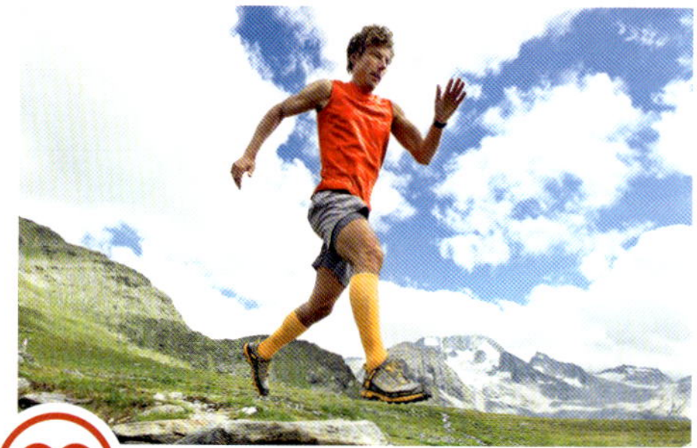

Muskulatur und passiver Bewegungsapparat 56
Herzkreislaufsystem 59
Trailrunning macht schlau! 61
Der innere Schweinehund 62
Mögliche Risiken des Traillaufens 64
Richtiges Verhalten bei Problemen 66
Brillen und Kontaktlinsen 71

Ergänzendes Krafttraining 72

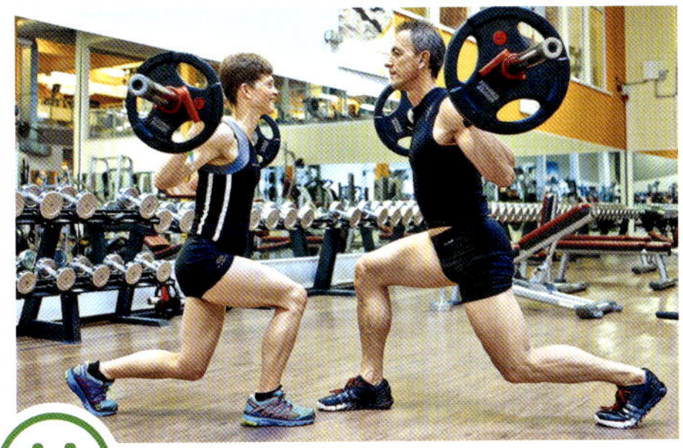

Krafttraining für noch mehr Spaß auf dem Trail 74

Effektive Übungen 78

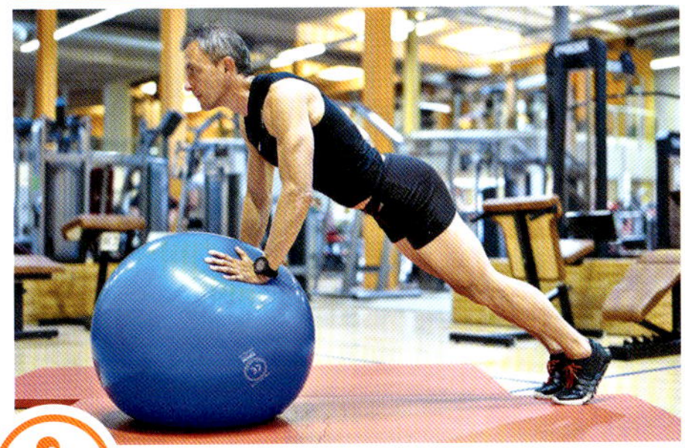

Hyperextension 80
Brett 82
Seitstütz 83
Supercrunch oder gerollte, vollständige Sit-ups 84
Primaballerina 86
Übungen auf dem Fitnessball 88
Training mit der Langhantel 92
Training auf instabilen Unterlagen 96
Selbstmassage mit der Schaumstoffrolle 97

Inhaltsverzeichnis

Lauftechnik 98

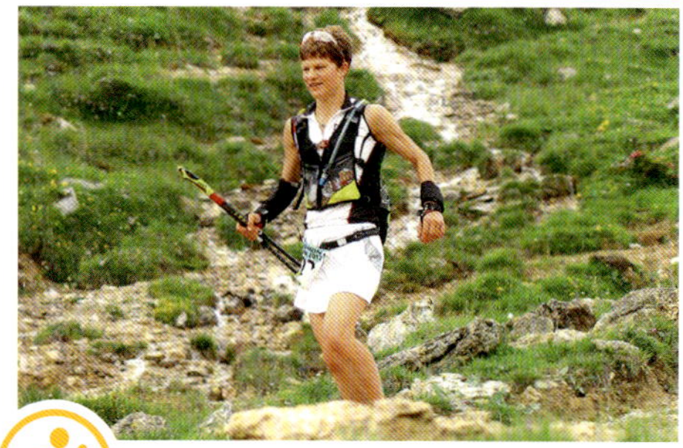

Flache Trails 101

Bergauflaufen 102

Bergablaufen 104

Laufen mit Stöcken 106

Sinnvolle Ernährung 108

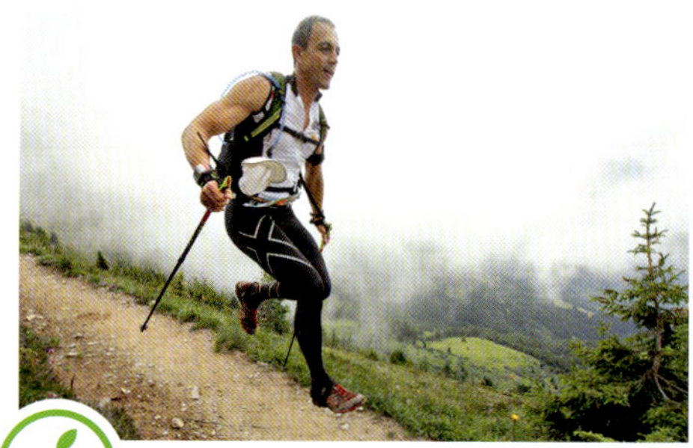

Was essen Ausdauersportler? 110

Die Nährstoffe unter der Lupe 112

Ernährung in verschiedenen Trainingsphasen 123

Für alle Wettkampfambitionierten 128

Trinken im Training und Wettkampf 131

Ernährung in der Regenerationsphase 134

Wettkämpfe 136

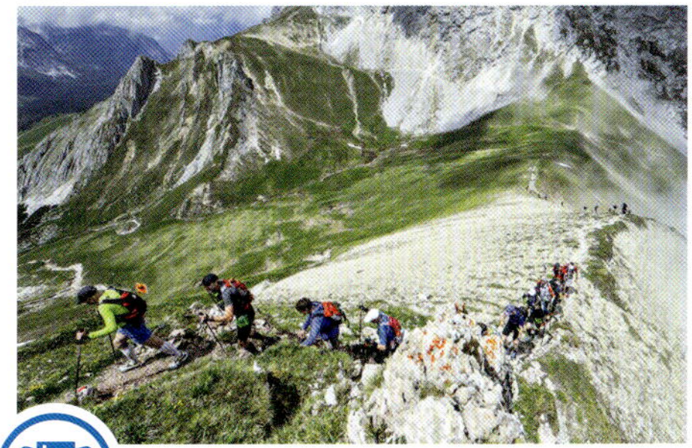

Wettkämpfe? Wettkämpfe! 138

Wie werde ich schneller? 146

Wie laufe ich länger? 148

Zum Schluss 154

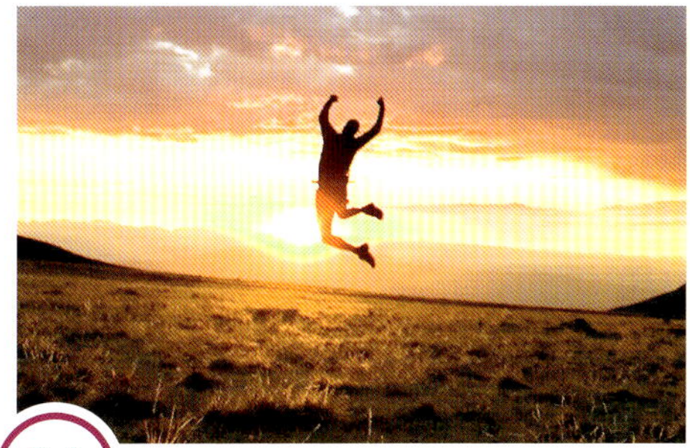

Jetzt aber raus hier! 156

10 gute Gründe zu laufen 157

Impressum 158

Bildnachweis/Fotografie 158

Danksagung 159

Fußnoten 159

Vorwort

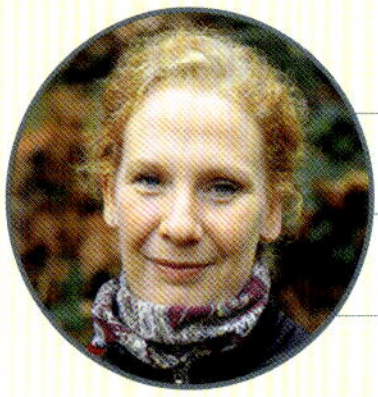

Extrem ungläubig lausche ich dem Weckergeräusch – so früh, gerade hell? Ich erinnere mich, ich habe mir vorgenommen zu laufen, ganz früh, im Wald. Also: Rein in die Laufklamotten, Schuhe an, das Haus schläft noch, trinke schnell einen Kaffee, packe eine Flasche Wasser ein und los. Meine Stunde am Tag, die erste, wahrscheinlich die einzige – also los.

Langsam, sehr langsam trabe ich los, mir ist kalt, doch schon nach fünf Minuten spüre ich, wie alles angenehm warm wird, ich verlasse die kleine Straße, biege in einen Waldweg ein, verlasse ihn nach einigen Metern und folge einem kleinen steilen Pfad nach oben, durch Büsche, über Wurzeln, nach oben, nach unten, wieder etwas eben. Kann langsam mein Tempo steigern und fühle mich: Wach! Muss aufpassen, wo ich hintrete und klatsche zwischendurch mal in die Hände – nein, nicht aus Freude, sondern um Wildschweine, so sie in irgendwelchen Büschen noch liegen, zu vertreiben. Doch außer Vogelgezwitscher höre ich nichts, ab und zu das Rauschen der Blätter im Wind, aber auch nur, wenn ich nicht gerade so laut atmen muss. Ganz schön steil hier. Ein paar Rehe sehe ich auf der anderen Talseite, von Wildschweinen keine Spur. Die letzten Meter der Steigung muss ich ganz schön kämpfen, gehe kurz zügig, dann jogge ich weiter, steil bergauf, mit kleinen Schrittchen – und: bin oben!

Ganz allein habe ich einen wunderschönen Ausblick auf die morgendliche Ebene vor mir. Unten geht der Alltag los, hier oben hat alles sein eigenes Tempo. Ich bemerke, wie ich lächle, mich wach fühle und gut durchblutet! Trinkpause, warme Sonnenstrahlen auf dem Gesicht.

Der Tag, vollgepackt mit Terminen, macht mir keinen Stress mehr! Er kann kommen, aber noch nicht jetzt, jetzt bin ich erstmal hier und laufe den Berg auf anderem Weg wieder runter!

Auch hier folge ich einem kleinen Trampelpfad, muss gut aufpassen, wohin ich meine Füße setze, strauchle kurz, renne weiter, ein Glücksgefühl durchflutet mich: So schlapp ich mich manchmal fühle, so kraftlos: Beim Laufen werden immer wieder neue Energien freigesetzt und ich staune über die Geschicklichkeit meiner Füße, über die Ausdauer und überhaupt das Gefühl, lebendig zu sein. Außer Atem, aber ausgeruht trabe ich die letzten Meter über Asphalt, steige die vielen Treppen zum Haus fast (!) leichtfüßig rauf: Den ganzen Tag lang kann ich dieses lebendige, tolle Gefühl noch spüren!

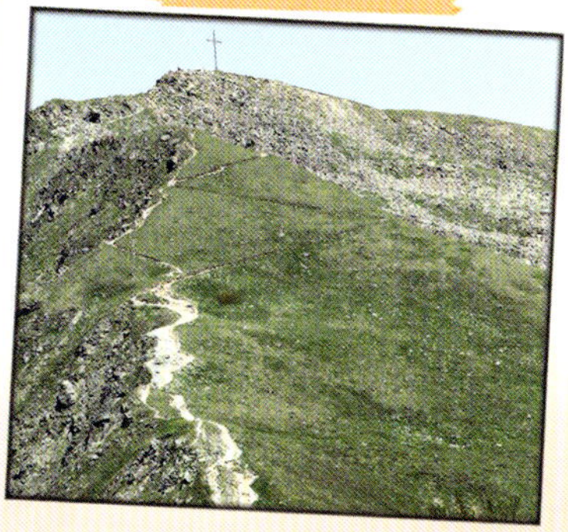

„Der Weg ist das Ziel." (Konfuzius)

So sieht eine Traillauferfahrung im Kleinen, Alltäglichen für mich aus, das macht es für mich aus und bereichert mein Leben!

Traillaufen ist einfach toll!

Plädoyer fürs Trailrunning

Eine Begriffserklärung vorab: Wir bezeichnen hier den Sport Trailrunning an sich, sprechen aber, da wir das privat auch tun, oftmals vom Traillaufen – gemeint ist dasselbe.

Der Einfachheit halber verwenden wir den Begriff Trailläufer und schließen aber dennoch alle traillaufenden Frauen mit ein!

Seit Zehntausenden von Jahren läuft der Mensch – auf schmalen Pfaden, auf zum Teil unwegsamen Untergrund; asphaltierte Straßen und geschotterte Waldwege gehören so gesehen erst seit Kurzem in unsere Laufgeschichte. Halbmarathon- und Marathonläufe gehören mittlerweile fast bei jeder Stadt oder größerem Dorf zum Jahresgeschehen dazu.

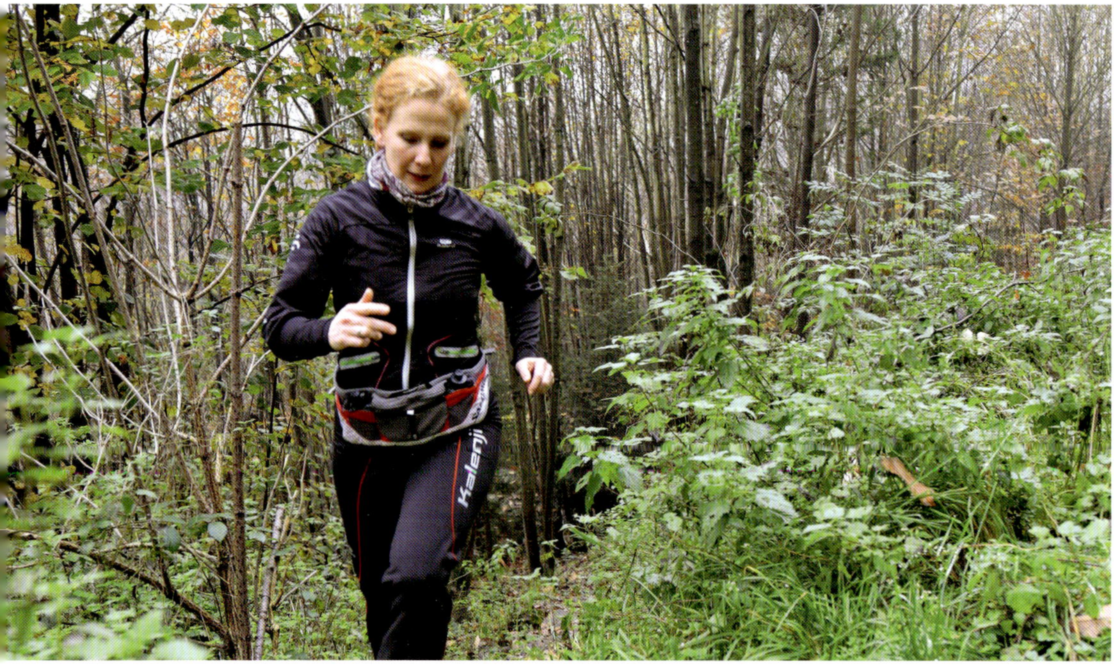

Stefanie Seiler-Runge, Jahrgang 1971, hat vor vielen Jahren das Laufen für sich entdeckt und durchstreift, wann immer sich eine Zeitlücke ergibt, seit einigen Jahren bevorzugt auf kleinen, schmalen Pfaden, die Gegend rund um Heidelberg.

Seit einigen Jahren jedoch tritt das Traillaufen verstärkt in den Fokus des breiteren Publikums. Traillaufen bezeichnet das Laufen und teilweise schnelle Gehen auf kleinen Pfaden, durch teilweise anspruchsvolles, auch alpines Gebiet mit vielen Steigungen und Gefällen auf wechselndem Untergrund. Beim Traillaufen geht es nicht um das schnellstmögliche Absolvieren einer Strecke, sondern vielmehr um das Erleben der Natur und das Bewältigen von auch anspruchsvollem Gelände. Der Weg ist hier das Ziel. Das Schöne daran: Je nach Wohnlage können wir direkt vor der Haustüre starten und unsere nächste Umgebung erlaufen, indem wir einfach die gewohnten Straßen und Wege verlassen, uns auf das Abenteuer Natur einlassen, neue Ausblicke entdecken und unsere Grenzen neu definieren.

Im wahrsten Sinn geht es beim Traillaufen über Stock und Stein, man verlässt bewusst die Komfortzone, lässt sich auf unwegsame Passagen ein und muss individuell das Tempo anpassen, eventuell auch improvisieren. Manche Teilstrecken sind mit Stöcken als Hilfsmittel zu bewältigen.

Bei längeren Läufen und unvorhergesehenen Wetteränderungen muss man auch schon mal „beißen" können, Unannehmlichkeiten handhaben lernen, durchhalten und zusehen, irgendwie sinnvoll und gesund zurückzukommen. Auch das gehört dazu. Doch das ist auch eine Erfahrung, die mit in den Alltag genommen werden kann.

„Nur wo du zu Fuß warst, bist du auch wirklich gewesen."
(J. W. von Goethe, 1749 – 1832)

Traillaufen trainiert umfassender unseren Körper; nahezu alle Muskelgruppen müssen arbeiten, Bänder und Sehnen werden vielseitiger als beim herkömmlichen Laufen gestärkt: Der positive Effekt hierbei ist, dass man viel weniger mit den typischen Läuferverschleißerscheinungen zu tun bekommt.

Nirgendwo sonst kann man so gut abschalten und den Kopf frei bekommen wie draußen in der Natur. Nicht die Zeit zählt beim Traillaufen, sondern der Weg und wie wir diesen bewältigen. Mit etwas Übung wird man abenteuerlustiger, erkundet die nächste Umgebung genauer – wirklich fast alles ist mit Füßen zu erlaufen! Und man nimmt dadurch die Umgebung anders, genauer und mit allen Sinnen wahr, wir sind eben als ganzer Mensch unterwegs.

Da wir uns als Menschen in unserem eigentlich natürlichen Umfeld bewegen, wird unser Immunsystem gestärkt, da wir genug Tageslicht tanken und wir uns an der frischen Luft bewegen – meist ja auch bei unterschiedlichen Witterungen. All das wirkt sich positiv auf unsere Fähigkeit aus, mit Stress gut umzugehen und diesen vor allem auch zu relativieren.

Traillaufen erdet – im wahrsten Sinn des Wortes

Vor der Arbeit oder danach, in der Mittagspause oder sonst in einer Lücke, die uns der Alltag lässt: Laufen ist fast immer möglich. Es bedarf nur wenig Aufwand, keine große Vorbereitung und für den Beginn keine Highend-Ausrüstung; das Wichtigste sind gute Schuhe und bequeme Kleidung. Man kann einfach loslegen; Tempo ist egal, Hauptsache raus!

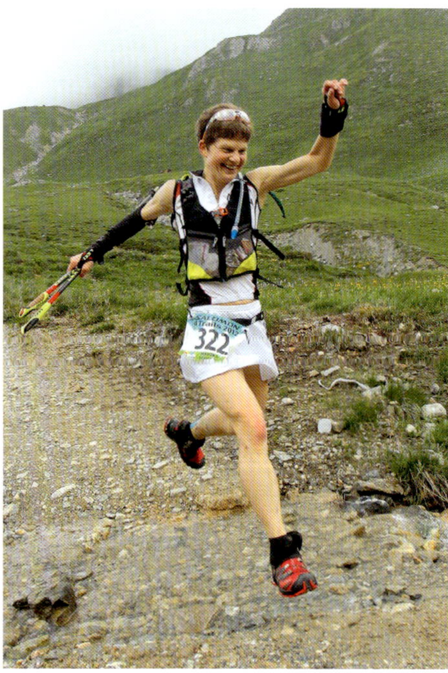

Marika Schmidt, Jahrgang 1970, ist als Personal Trainerin viel in Bewegung und läuft seit 7 Jahren ambitioniert Trail. Innerhalb dieser Zeit hat sie an vielen Wettkämpfen und an den Etappenläufen 4Trails und dem Transalpine-Run teilgenommen.

Schnell wird fühlbar, wie bereichernd schon eine halbe Stunde flotte Bewegung an der frischen Luft ist; wie viel wohler und ausgeglichener wir uns fühlen und wie wir damit Gelassenheit und Balance mit in den Alltag nehmen können.

Das Laufen ist die natürlichste Fortbewegung des Menschen; schon seit wir den aufrechten Gang erlangt haben, laufen wir. Die ursprünglichsten Wege, die schon unsere frühesten Vorfahren begingen, waren keine 2,5 m breite Forstwege oder gar asphaltierte Straßen; es waren kleine Trampelpfade, von Vieh und Mensch gleichsam über die Zeit geformt.

Vielleicht ist es das, was das Traillaufen so erholsam macht: Der Trailläufer meidet bewusst weitestgehend asphaltierte oder geschotterte Straßen und Wege, sucht sich bewusst die kleinen, zum Teil verwilderten Pfade und erfährt nochmals mehr die Naturnähe, unmittelbar, durch keinen menschlichen Einfluss verändert. Wir sind dazu geschaffen, uns anzupassen – das gilt auch für wechselnden Untergrund.

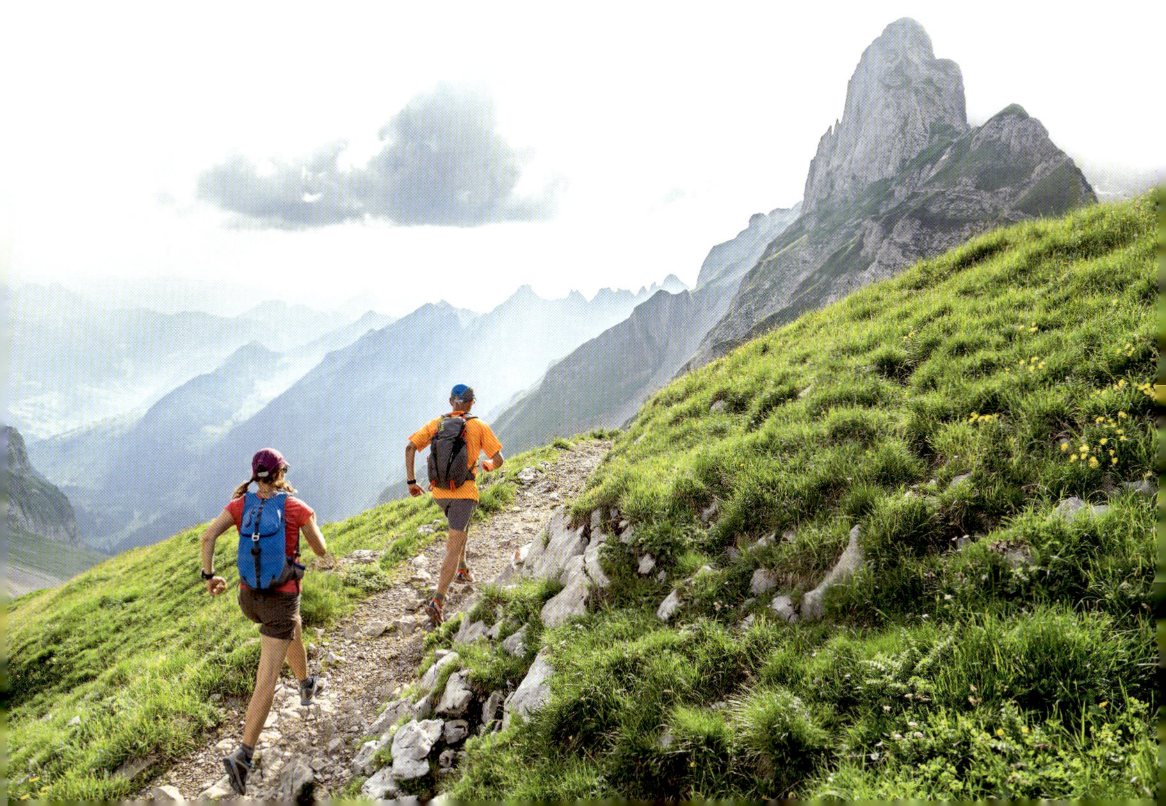

Was dieses Buch will und kann

Dieses Buch will Spaß am Traillaufen vermitteln! Traillaufen ist einfach ein Lebensgefühl, das toll ist und das super in den Alltag integriert werden kann – selbst wenn wir in einer Großstadt wohnen.

Wenn wir von Trailrunning oder vom Traillaufen hören, denkt mancher vielleicht gleich an große Wettkämpfe in den Alpen, bei denen 50 km oder 100 km und mehrere 1000 Hm (Höhenmeter) absolviert werden – das gehört auch zum Traillaufen, muss es aber nicht, und nicht sofort. Jeder hat mal klein angefangen. Das Tolle daran: Traillaufen macht uns unabhängig, meist ist es möglich, gleich von der Haustüre aus zu starten und sich seine nächste Umgebung einfach mal

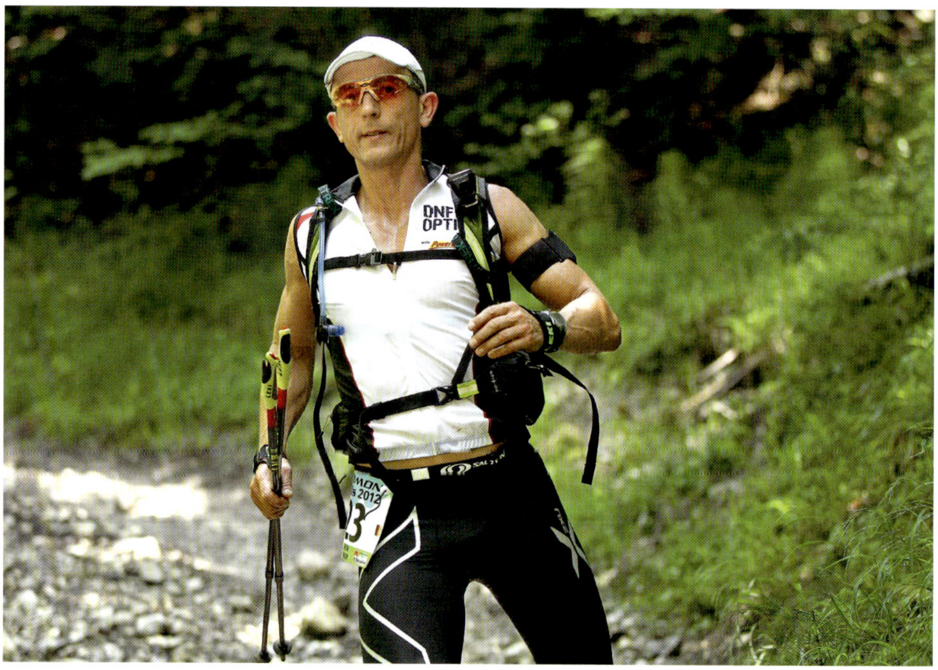

Oliver Fischer, Jahrgang 1964, blickt ebenfalls auf eine lange sportliche Vergangenheit zurück und läuft seit 7 Jahren ambitioniert Trail. Wettkämpfe und Etappenläufe, wie der 4Trails und der Transalpine-Run gehören zu seinem Jahresablauf.

flott zu erlaufen. Abgesehen davon, dass wir uns auch mental damit eine Auszeit gönnen, lernen wir unsere nächste Umgebung neu kennen, lernen uns wieder besser zu orientieren, beanspruchen sehr viel umfassender unsere Muskulatur als beim „Nur-Straßenlauf".

Nicht die Schnelligkeit steht im Vordergrund, sondern das Erleben von Natur und das Bewältigen einer Strecke – angepasst an den Untergrund, an unsere Verfassung und an die Witterung. Dieses Buch möchte also begeistern und animieren, einfach mal loszulaufen.

Was dabei zu beachten ist, wird ausführlich in den einzelnen Kapiteln behandelt:

- Welche Kleidung benötige ich?
- Welcher Schuh ist für welchen Untergrund empfehlenswert?
- Was ist unbedingt mitzunehmen – je nach Länge und Ort des geplanten Laufs?

Vom Einsteiger bis zum Fortgeschrittenen, bis hin zu denjenigen, die ehrgeizig sind und möglichst bald einen Wettkampf mitbestreiten möchten, alle werden hier an die Hand genommen und viele Fragen beantwortet bekommen.

- Was sollte ich bei meinem Training beachten?
- Wie ernähre ich mich sinnvoll, um ausdauernd laufen zu können?
- Wie kann ich meine Laufleistung durch Krafttraining optimieren?
- Wie bereite ich mich sinnvoll auf einen Wettkampf vor?

Das Thema möglicher Verletzungen und Gefahren soll nicht ausgespart werden – doch auch dazu werden Tipps vermittelt, um Verletzungen und mögliche Risiken zu vermeiden. Wie aber reagieren, wenn doch etwas passiert? Auch diese Frage wird ausführlich behandelt.

Viel Spaß beim Lesen und Traillaufen!

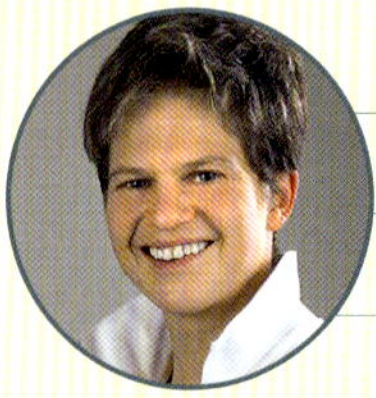

Traillaufen macht achtsam

Kann man beim Laufen meditieren oder muss man als Trailläufer überhaupt meditieren? Achtsamkeit, Meditation, Yoga und viele andere ruhebringenden Allheilmittel sind ja gerade schwer im Trend und da frage ich mich manchmal, ob ich als vehementer Verweigerer dieses Trends vielleicht doch diejenige bin, die etwas verpasst und es nur noch nicht kapiert hat.

Unser langer Lauf heute früh hat mich allerdings wieder beruhigt, dass es zumindest für mich auch andere Wege gibt, zu mir selbst zu finden und die Welt mit anderen Augen zu betrachten. Kann man die Natur und seinen eigenen Körper besser erfahren als morgens früh allein im erwachenden Frühlingswald? Beim Loslaufen hatten wir knappe 3 °C und ich bin quasi am Boden festgefroren. Zwanzig Minuten später und 100 Hm weiter oben hat sich die Sonne gezeigt und plötzlich fühlte ich mich, als wäre ich gerade in die Badewanne gestiegen – nur viel besser.

Die Luft hat sich heute Morgen angefühlt wie Süßigkeiten, die man als Kind nie essen durfte, und so allmählich wie ich wach wurde, ist auch der Wald zum Leben erwacht. Man konnte das Wachsen und Blühen fast hören, riechen und spüren. Da atme ich lieber auch durch den Mund, um so auch wirklich alles zu spüren.

Die Augen wurden gleichzeitig verwöhnt und gefordert: Ständige Lichtwechsel, Sonne, Schatten, sattes Grün und immer wieder der

Blick auf blühende Mandelbäume. Farbspiele der Natur, die man nur selten erlebt und die ich mit offenen Augen genießen will.

Sogar unser Tastsinn wird beim Laufen intensiv gefördert, wenn auch mehr der der Füße. Dankbar war ich heute, dass die sonst spiegelglatten Wurzeln und Felsen endlich mal trocken waren und wir richtig rennen konnten und unsere Hunde haben jedes frische Gras und Moos sofort für ein intensives Wälzen genutzt. Es ist sehr entspannend, einem Hund zuzuschauen, der sich genüsslich wälzt und danach nur nach Wald riecht ...

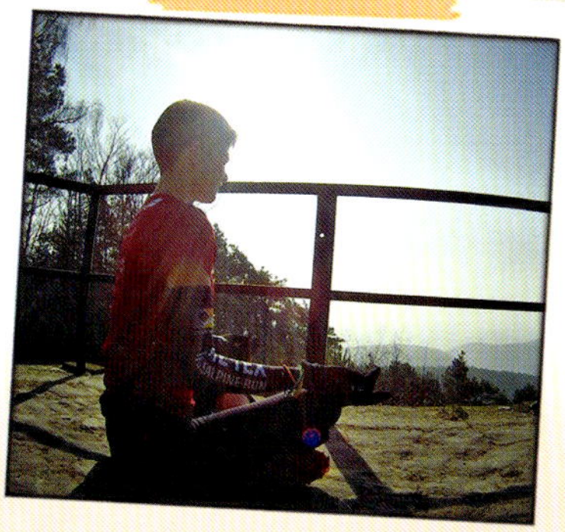

Traillaufen entspannt ...

Bei 4,5 h Laufzeit hat man auch unendlich viel Zeit, über sich selbst nachzudenken und intensiv in sich reinzuhören und zu fühlen. Der Unterschied der Muskulatur vor und nach 30 km und vielen, vielen Höhenmetern ist immer wieder erstaunlich, aber trotzdem sind wir immer noch in der Lage weiterzulaufen. Unser Körper ist sehr dankbar!

Hunger und Durst verspüren wir unmittelbar als direktes, einfaches Signal vom Körper, unbeeinflusst von anderen Reizen. Eine kleine Pause mit etwas Einfachem zu essen ist ein echtes kulinarisches Highlight! So toll wie der erste richtige Frühlingslauf war, so dankbar waren wir dann auch, als wir zuhause wieder die Füße hochlegen konnten: müde, erschöpft und ganz eins mit uns selbst!

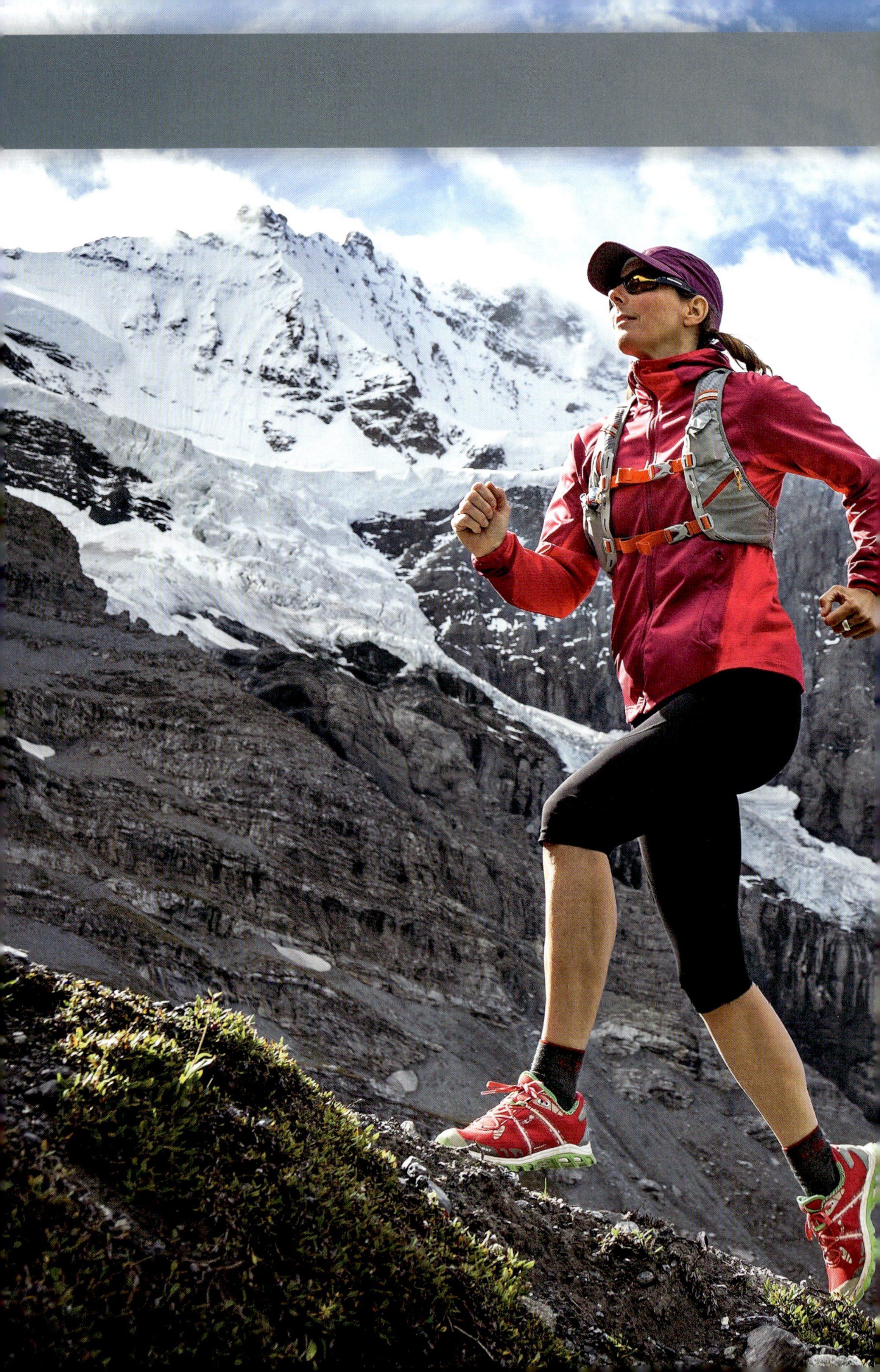

Kleidung und Ausrüstung

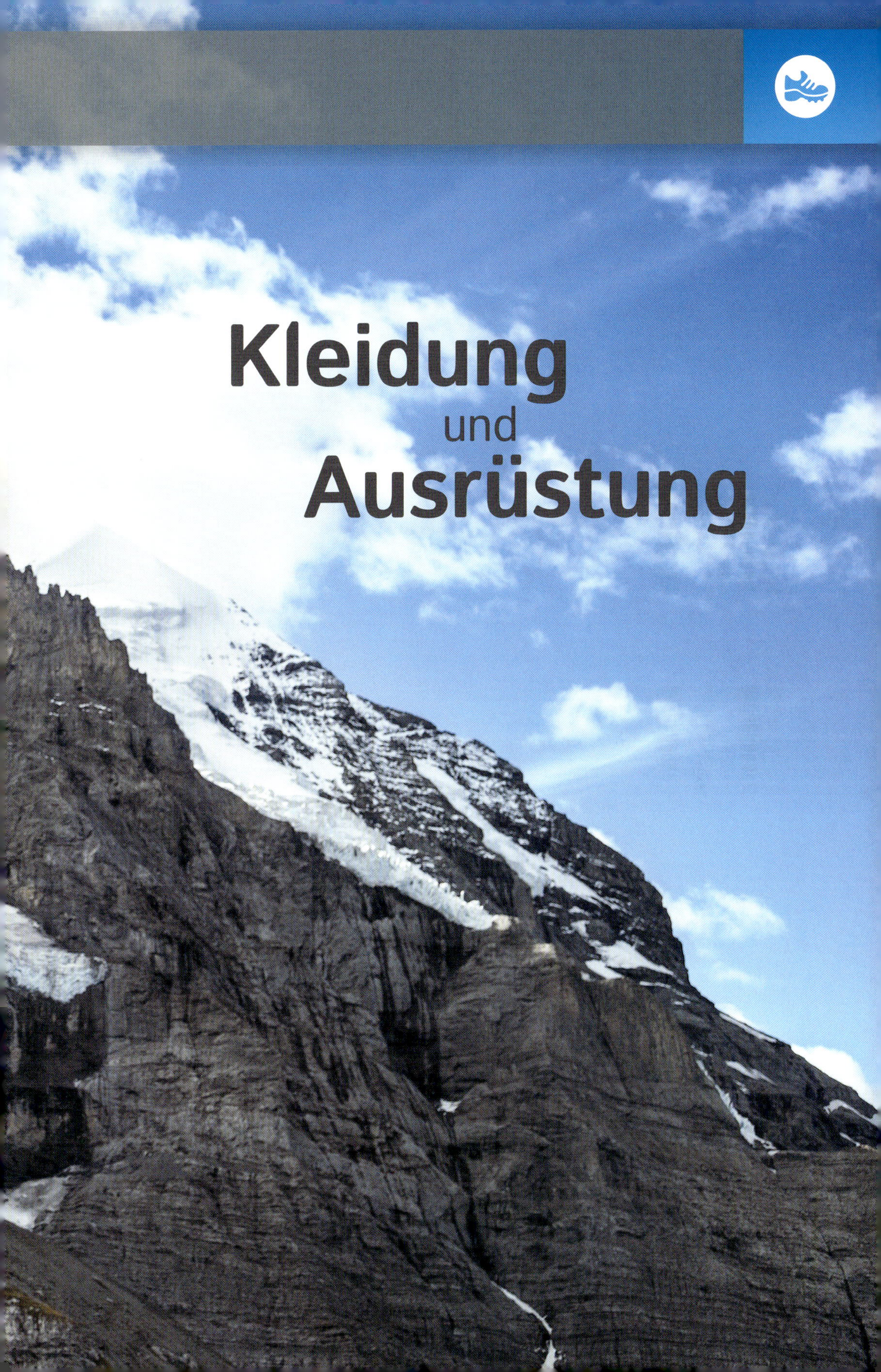

Schlechtes Wetter gibt es nicht!

Bei der Ausrüstung ist prinzipiell zu sagen: So viel wie nötig, so wenig wie möglich!

Unsere Abenteuerlust sollte in puncto Ausrüstung ihre Grenzen haben. Gerade als Trailläufer finden wir es toll, einfach draufloszulaufen, am liebsten in möglichst abgeschiedenen Gebieten und auf anspruchsvollem Terrain. Deswegen ist das Mitführen eines Mobiltelefons sinnvoll und bei längeren Touren ist auch ein Erste-Hilfe-Set empfehlenswert.

Natürlich ist es grundsätzlich entscheidend, was ich genau vorhabe: Möchte ich das Traillaufen einfach mal probieren bzw. bin ich maximal ein bis zwei Stunden unterwegs oder möchte ich mehrere Stunden durch Wald, Feld und Wiese laufen? Bin ich in den Bergen unterwegs? Wie ist das Wetter? Welche Beschaffenheit haben die Wege und Pfade, die ich benutzen werde?

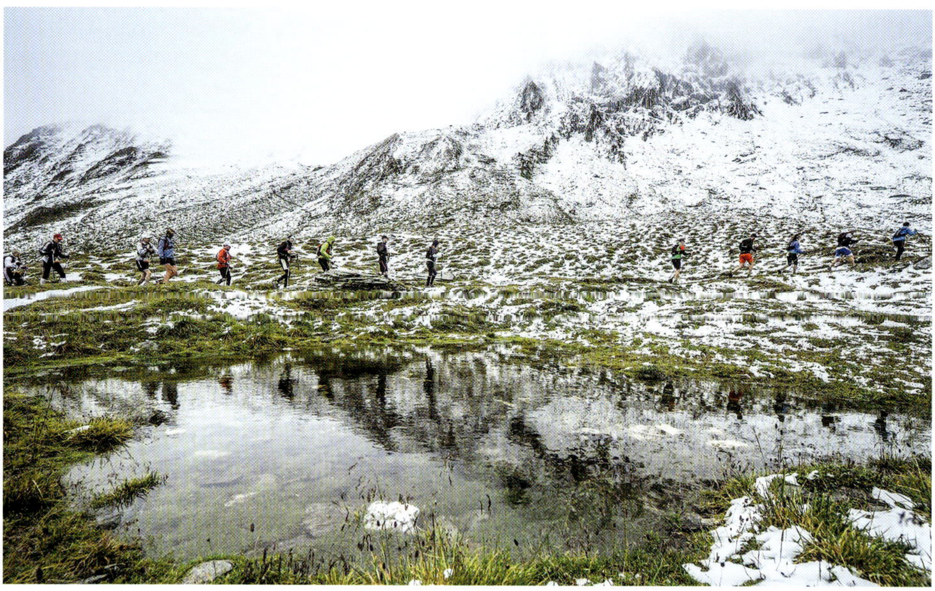

„Und was du für den Gipfel hältst, ist nur eine Stufe." (Seneca)

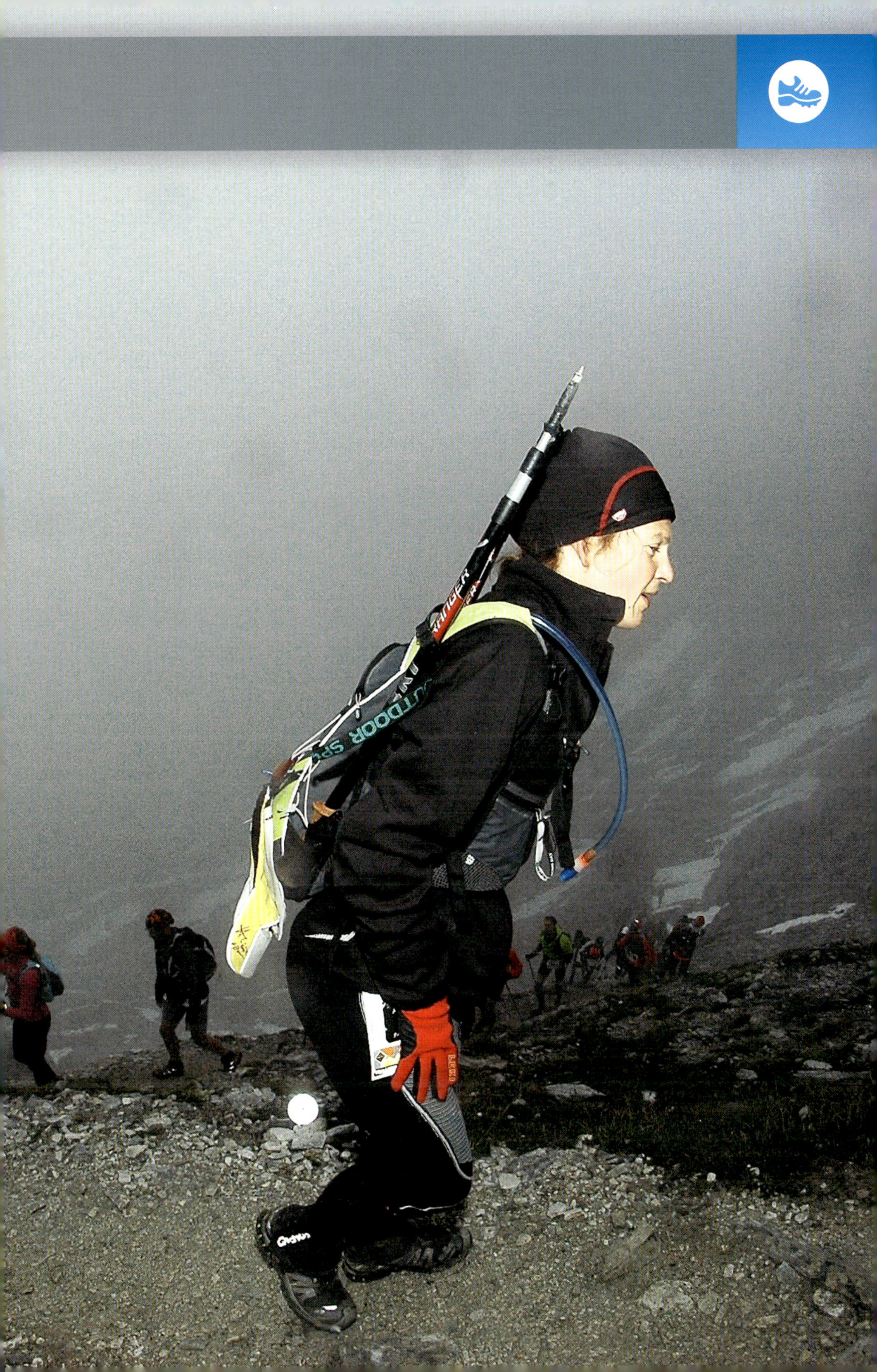

Schuhe

Die Schuhe spielen auf jeden Fall die Hauptrolle; egal, ob ich mich nun erst einmal eine halbe Stunde bis Stunde im Freien bewege oder ob ich vorhabe, eine längere Etappe zu laufen. Vorsicht: Nicht überall, wo Trailschuh draufsteht, ist auch Trailschuh drin!

Generell kann man sagen, dass die Hersteller von Straßenlauf-Massenware noch bei der Entwicklung von echten tauglichen Trailschuhen üben. Es gibt jedoch durchaus eine beachtliche Auswahl an Schuhen von auf Traillauf spezialisierten Herstellern! Eine sorgsame Anprobe ist unerlässlich. Ideal ist ein Probelauf, bei dem die Schuhe in Aktion getestet werden können.

Schuhe für unterschiedliche Untergründe und Witterungen

Ohnehin gibt es nicht den omnipotenten Trailschuh für jede Witterung und jeden Untergrund! Wenn man Geschmack am Traillaufen gefunden hat und sich wirklich nicht durch nasses, kaltes Wetter

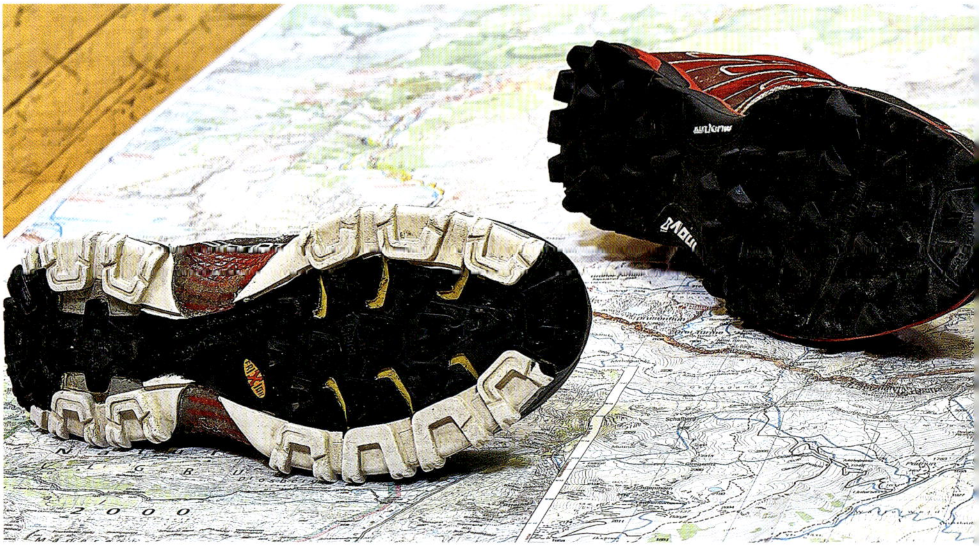

Für jeden Untergrund ein Profil: unterschiedliche Trailschuhsohlen

vom Traillaufen abhalten lassen möchte, ist der Aufbau einer kleinen persönlichen Kollektion von Trailschuhen empfehlenswert: Ein Schuhpaar für überwiegend nasse und felsige Untergründe, ein Paar für eher matschigen und nassen Untergrund und eventuell ein drittes Paar, das sehr leicht ist, für kurze und schnelle Läufe. Für Läufe auf Schnee und Eis gibt es Modelle mit integrierten Metallspikes.

Gerade für die kalte und nasse Jahreszeit bieten sich Schuhe mit wasserdichter Membran (z. B. Goretex) an, besonders, wenn man empfindlich ist, was nasse und kalte Füße angeht.

Beim Traillaufen kann es häufig zu nassen Füßen kommen. Was im Sommer eine durchaus angenehme Kühlung sein kann, muss im Winter oder Herbst kein Hindernis darstellen, da die Füße, zumindest so lange wir laufen, auch nicht auskühlen.

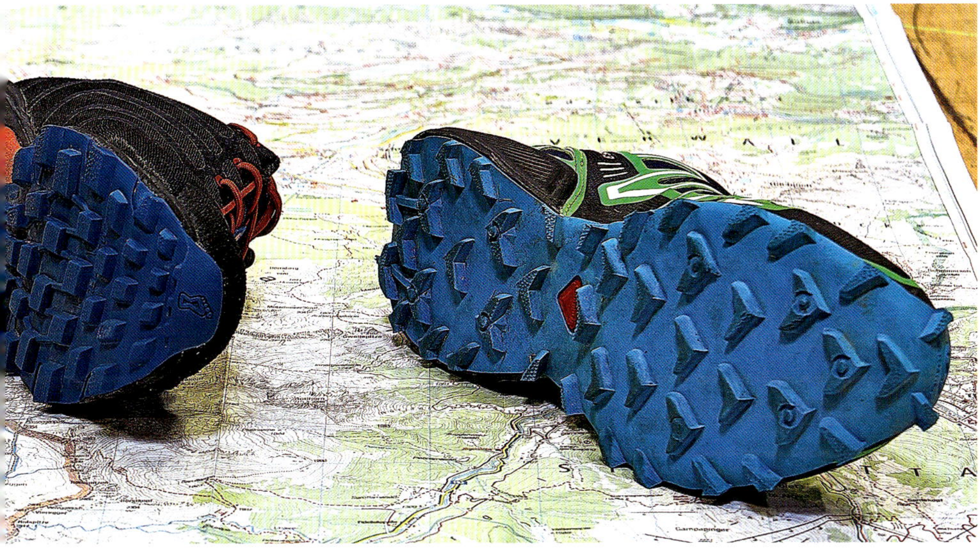

Passform – worauf es ankommt

Idealerweise sollte ein Trailschuh seitlich und an der Ferse wie ein Handschuh sitzen. Vorn sollte zwischen großem Zeh und Schuhspitze ca. 1 cm Platz sein. Das vermeidet blaugelaufene Zehennägel, besonders beim Bergablaufen. Man sollte das Gefühl haben, *im* Schuh zu stehen und nicht obendrauf.

Da wir beim Traillaufen ständig wechselnden Untergrund unter uns haben, sollten wir den direkten Kontakt zum Boden spüren können. Deswegen haben Trailschuhe tendenziell eine geringere Sprengung und auch weniger Dämpfung. Die Sohle ist nicht so hoch konstruiert wie bei Laufschuhen für die Straße. Das minimiert natürlich auch die Gefahr umzuknicken.

Bei den Schnürungen gibt es zwei Varianten: einmal die herkömmliche Schnürung, zum anderen die sogenannte Schnellschnürung. Beide Varianten müssen einen in die Lage versetzen, den Schuh gutsitzend an den Fuß anzupassen.

Dämpfung und Barfußschuhe

Trailschuhe sind aus oben genannten Gründen weniger gedämpft als normale Laufschuhe. Beim Traillaufen wird mehr auf dem Vorfuß gelaufen, was der wechselnde Untergrund mit sich bringt. Des Weiteren ist der Untergrund sowieso teilweise schon natürlich gedämpft, wenn beispielsweise auf Waldboden gelaufen wird. Das Vorfußlaufen nutzt die natürlichen Dämpfungseigenschaften unserer Füße, indem wir auf dem Ballen aufkommen und abfedern. Das ergibt sich ganz von allein, soweit gegeben ist, dass wir den Untergrund besser spüren können. Der momentan verstärkte Trend zum Natural Running macht auch vor dem Traillaufen nicht halt.

Das Natural Running, also das Laufen mit Barfuß- oder Minimalschuhen, stellt die Gegenbewegung zum klassisch gedämpften Highend-Laufschuh dar. Der Fuß soll und kann in diesen Schuhen wieder seine ursprüngliche Arbeit verrichten – oder er kann es wieder lernen, da das natürliche Abrollverhalten unterstützt wird und so die Muskeln und Sehnen des Fußes stärker werden und mit der übrigen Beinmuskulatur zusammenarbeiten.

Profi-Tipp

- Der Barfußschuh hat keine überhöhte Ferse. Der Höhenunterschied, auch Sprengung genannt, zwischen Ferse und Vorfuß ist kaum oder gar nicht vorhanden.
- Der Läufer kann mit dem Vorfuß oder dem Mittelfuß aufsetzen und vollzieht somit die natürliche Abrollbewegung.
- Die Sohlen sind sehr flexibel, sodass der Untergrund besser gespürt werden kann – was zunächst auch erst einmal gewöhnungsbedürftig ist.
- Der Vorfußraum ist breiter, somit haben die Zehen mehr Platz. Je nach Untergrund können sie somit auch mit Greifbewegungen reagieren, was automatisch passiert. Die Fußmuskulatur ist viel stärker und ausgeglichener gefordert. Die Füße sind nicht im Highend-Schuh lahmgelegt, geschützt und gedämpft, sondern erleben den Trail hautnah und werden wieder ins Team der Beinmuskeln, Sehnen und Bänder aufgenommen!

Auf Dauer kommt es so zu weniger Verschleißerscheinungen.

Ich persönlich habe damit mein Aha-Erlebnis gehabt: Mit sogenannten Minimalschuhen, die es auch speziell fürs Traillaufen gibt, sind meine Fußschmerzen, obwohl ich andere gute Trailschuhe verwendet habe, verschwunden. Ich kann mich besser dem Untergrund anpassen und schneller laufen. Jedoch ist es nicht empfehlenswert, ein Paar Barfußschuhe zu kaufen und damit sofort eine längere Strecke zu laufen. Das Laufen mit Barfuß- oder Minimalschuhen sollte trainiert werden. Sehnen und Muskulatur der Waden und Füße müssen sich langsam darauf einstellen, wieder ihre Arbeit zu tun, nachdem wir längere Zeit mit anderen Laufschuhen, die sehr viel mehr stützen und dämpfen, gelaufen sind.

Mittlerweile bin ich dazu übergegangen, des Öfteren einmal die Schuhe zu wechseln. Sehr gerne laufe ich mit Barfußschuhen, aber eben manchmal auch, je nach geplantem Untergrund, mit sehr guten herkömmlich gedämpften Trailschuhen.

Marika und Oliver laufen regelmäßig lange im alpinen Gelände und haben schon mehrmals an Etappenläufen teilgenommen. Ihrer Erfahrung nach schützt ein gewisses Maß an Dämpfung vor frühzeitiger Ermüdung. Das spielt eine besonders große Rolle bei langen Läufen auf anspruchsvollem Untergrund. Viele alpine Etappen enden zumeist mit einem langen und felsigen Downhill: Da ist es gut, etwas mehr Führung zu haben, wenn man schnell laufen und nicht jedes kleine Steinchen spüren will. Es gibt aber Teilnehmer solch langer und alpiner Läufe, die die gesamte Distanz mit minimal gedämpften oder sogar Barfußschuhen bewältigen.

Diese Schuhe stoßen nach Erfahrung von Marika und Oliver bald an ihre Grenzen und bieten keinen ausreichenden Schutz vor eventuellen Verletzungen (besonders die Zehen betreffend). Bei langen Läufen in den Alpen empfehlen sie eher gut gedämpfte und stützende Trailschuhe. Auch hier sollten eigene Erfahrungen gemacht werden.

Es kommt darauf an, was ich vorhabe, wie lange und auf welchem Untergrund ich laufen möchte. Läufe bis zu 25 km läuft Oliver ungedämpft, längere Etappen bestreitet er lieber mit etwas stärkerer Sohle.

Gamaschen

Eine praktische und sinnvolle Ergänzung zu den Schuhen bilden Gamaschen, auch Gaitors genannt. Diese halten Schmutz, gegebenenfalls Matsch, und auch Steine draußen. Sie schützen weiterhin die Sprunggelenke ein wenig vor äußeren Verletzungen. Es gibt ganz unterschiedliche Modelle: Von leichten Netzgamaschen bis hin zu wasserdichten Gamaschen, die es ermöglichen, durch Tiefschnee zu laufen, ohne sofort nasse Füße und Unterschenkel zu haben.

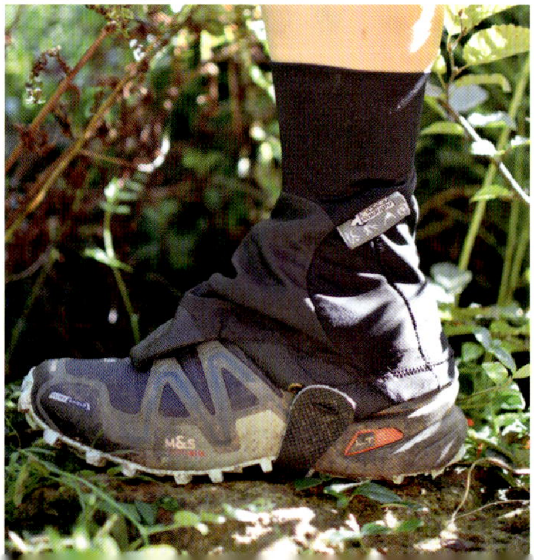

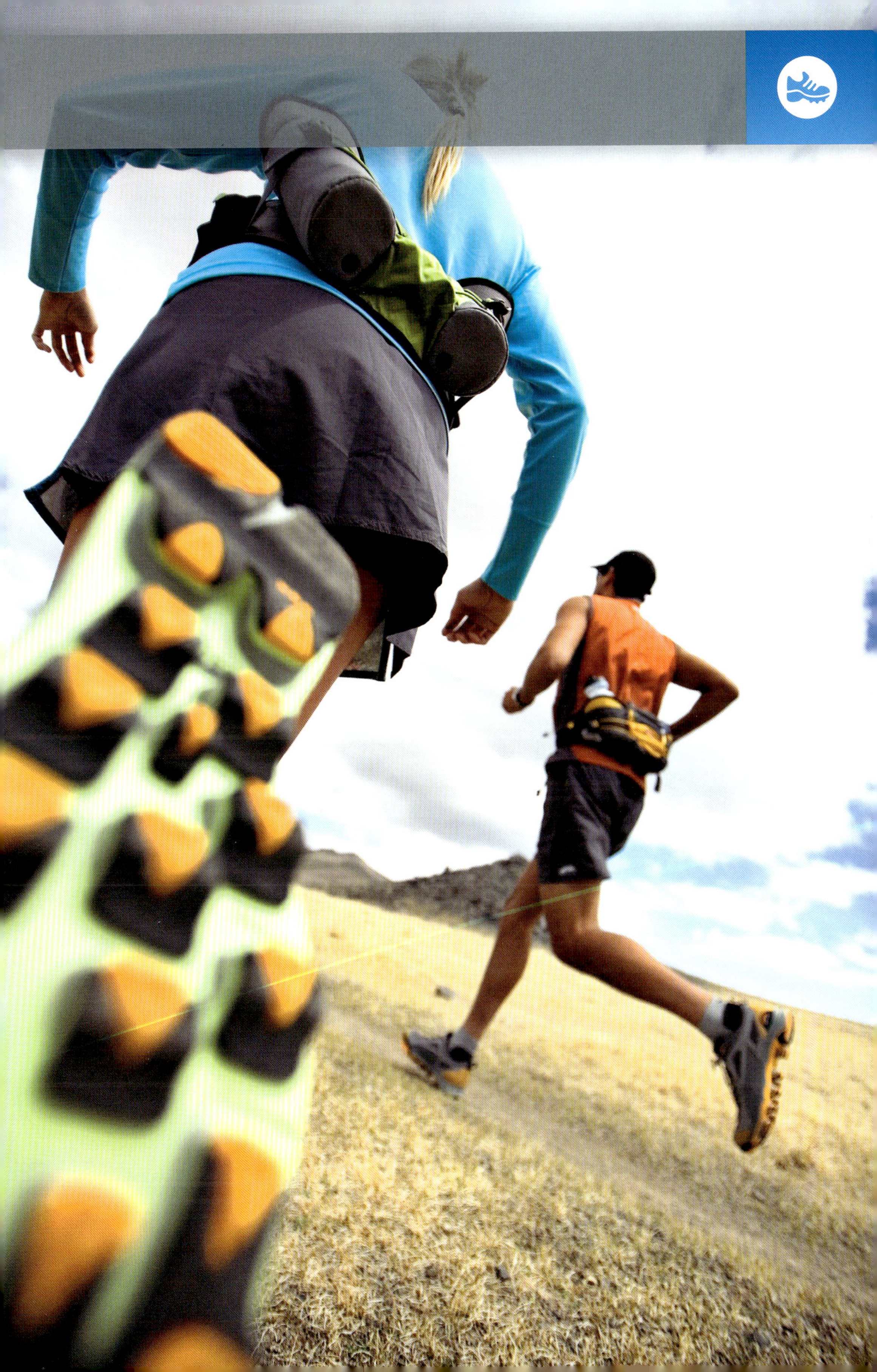

Kleidung

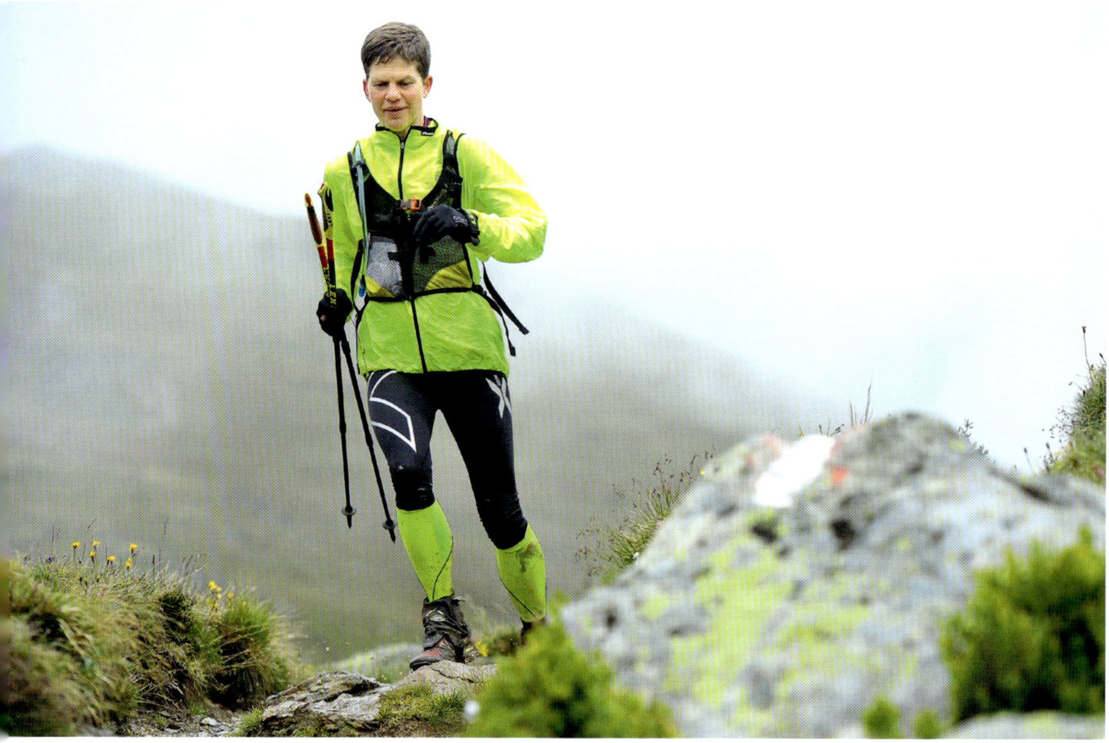

Gute Ausrüstung lohnt sich – besonders in den Bergen und für lange Touren.

Hosen und Jacken, die zum Laufen geeignet sind, werden mittlerweile vielerorts angeboten, sogar in Discountern. Diese günstige Variante ist durchaus empfehlenswert, falls wir uns nicht extrem lange bei extrem niedrigen Temperaturen bewegen. Im Winter und auch in den Übergangsjahreszeiten ist der sogenannte Zwiebellook empfehlenswert.

Für den Beginn tut es jedoch einfache Laufkleidung, wobei Hosen und Shirts aus atmungsaktiven synthetischen Stoffen komfortabel sind, da sie nicht so schnell durchnässen und auch schneller wieder trocknen.

Jacken

Ultralight- oder Lightweight-Jacken

Sehr gute Erfahrungen haben Marika und Oliver mit den sogenannten Ultralight- oder auch Lightweight-Jacken gemacht.

Wie der Name vermuten lässt, bestechen sie durch geringes Gewicht: Spitzenmodelle wiegen unter 100 Gramm und finden selbst in der kleinen Tasche der Laufhose Platz. Sie bieten hervorragenden Windschutz und sind wasserabweisend. Alle namhaften Hersteller haben mindestens ein Modell (teilweise mit Kapuze ausgestattet) im Programm. Vor allem bei längeren Touren in den Alpen können solche Jacken überlebenswichtig werden, da selbst bei bestem Wetter beim Start während einer langen Tour Gewitter oder gar ein Wettersturz einsetzen kann. Deshalb gehört für die beiden solch eine Jacke zur Standardausrüstung, wenn sie mehrere Stunden im Gelände unterwegs sind.

Auch bei sommerlichen Temperaturen bietet die Jacke Schutz vor zu schnellem Aus- bzw. Abkühlen nach einem schweißtreibenden Lauf. Ganz billig sind sie jedoch nicht zu haben: Ab 50 Euro bekommt man zweckmäßige Modelle. Je nach Hersteller und verwendetem Material ist jedoch ein Preis von 1 Euro bis 1,50 Euro pro Gramm möglich.

Regenjacken

Es regnet seltener anhaltend, als uns die Wettervorhersage glauben macht, dennoch ist eine Regenjacke unverzichtbar, wenn man längere Stunden draußen laufen will.

Die Jacke sollte im Idealfall absolut wasserdicht und dabei auch noch weitestgehend atmungsaktiv sein. Eine gute Regenjacke hat eine gute Markenmembran, wie z. B. Goretex, und besticht, ebenso wie die Lightweight-Jacke, durch ein geringes Packmaß. Wichtig ist, dass die Kapuze einstellbar ist und die Jacke über Lüftungsreißverschlüsse unter den Achseln verfügt. Auch die Ärmel- und Hüftbünde sollten individuell einstellbar sein. Verschweißte Nähte sorgen für Dichtheit.

Neben Schutz vor Regen bieten diese Jacken auch einen gewissen Schutz vor

Kälte und sind bei Hochgebirgstouren, besonders wenn diese über viele Stunden geplant sind, Teil der Pflichtausrüstung. Vorteilhaft wegen der Sichtbarkeit sind kräftige und leuchtende Farben – sie stellen auch einen Sicherheitsgewinn dar. Keine Sorge: Den Kühen auf der Wiese ist die Farbe egal – versichern die alpin erfahrenen Läufer Marika und Oliver.

Eine gute Regenjacke ist nicht eben billig, sie sind ab 200 Euro zu haben, aber eine echte Investition für Jahre. Bei der richtigen Pflege und bei sorgsamem Waschen mit speziellem Waschmittel bleibt die Membran auch funktionstüchtig. Zusätzlich kann zur Erhaltung des Regenschutzes auch Imprägnierspray verwendet werden.

Die Wasserdichtigkeit wird von den Herstellern übrigens in mm/Wassersäule angegeben und bietet somit eine gute Vergleichsmöglichkeit.

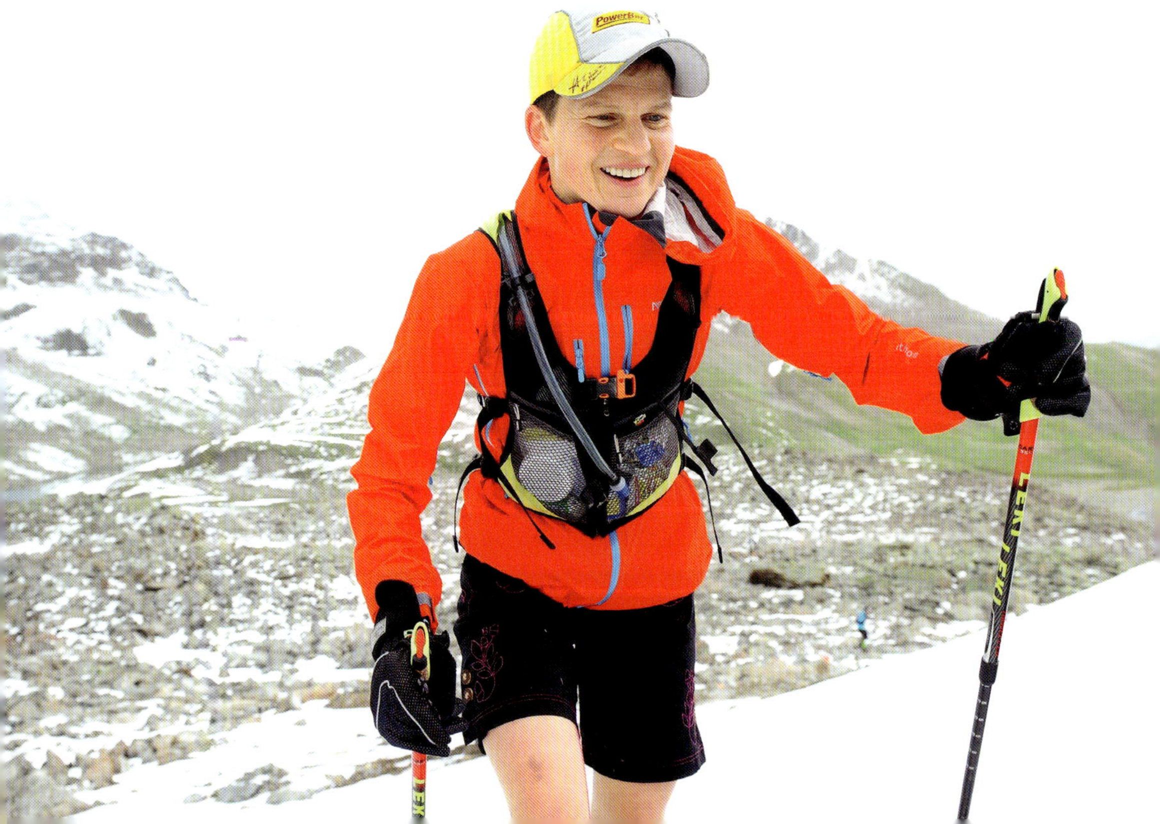

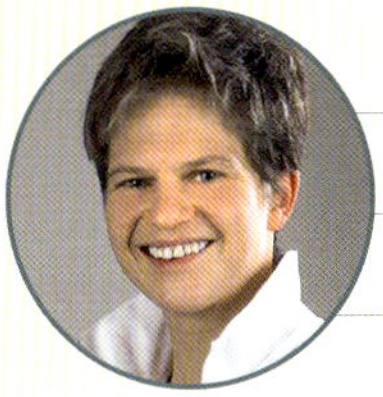

Tag 3: Imst – Landeck
(4Trails 2014)

Laut Wettervorhersage sollte es allmählich trockener und wärmer werden. Bekomme schon Bedenken, als ich nachts wachliege und es immer regnet. Das ändert sich leider bis zum Start nicht, allerdings ist es relativ warm. Also laufen wir in voller Regenmontur zum Start, um dann die Oberschicht loszuwerden …

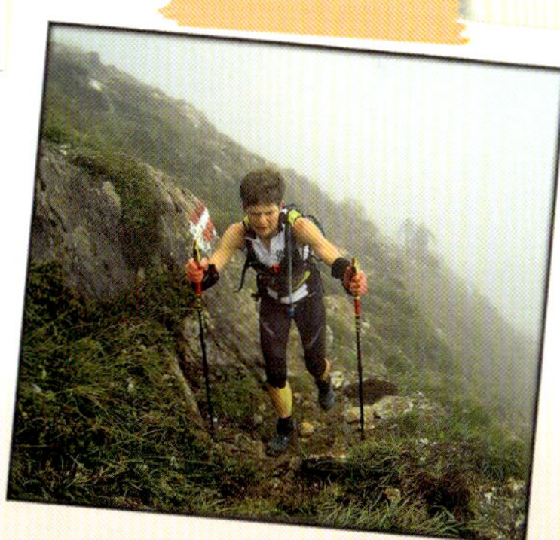

Aufstieg zur Glanderspitze

Es regnet die ganze Zeit und ich bin klatschnass, inklusive Handschuhe. Bis zur ersten Verpflegung klappt alles ganz gut, es ist relativ warm und irgendwie gewöhnt man sich an den Regen. Mein Knie hält, ich merke aber schon, dass mein Energielevel ziemlich niedrig ist. Über der Baumgrenze gehen meine Probleme richtig los: Es ist eiskalt, es regnet und es ist windig. Meine Hände sind tiefgefroren, genauso wie meine Stimmung.

Irgendwann bitte ich Zuschauer an einer Alm, mir zu helfen, die Regenjacke aus meinem Rucksack zu holen, meine Hände können das nicht mehr allein. Es wird minimal besser, aber meine Kräfte schwinden und ich komme mit eiskalten Händen nicht an meine kleinen Energiewundermittel, wie Gelshots und Ähnliches, ran. Die Strecke ist eigentlich toll, wir laufen oben auf dem Grat und es wird zunehmend alpiner. Und zunehmend nebliger. Ich stolpere ziemlich ungeschickt den Berg hoch, bekomme an ausgesetzten Stellen richtig Angst. Irgendwann kommt der Gipfel und da ist meine Rettung: Zufälligerweise ist das laufende Rescueteam gerade oben und fragt mich direkt, ob alles in Ordnung ist, und gibt mir Red Bull. Scheußlich, aber in dem Fall verleiht es tatsächlich Flügel.

Spüre den Zucker sofort und in Kombination mit dem Bergablaufen wird mir wieder etwas wärmer und ich komme den Berg zumindest runter, wenn auch nicht gut. Es geht die ganze Zeit bergab und zieht sich bis Landeck ewig. Endlich im Ziel fühle ich mich erschöpft, enttäuscht und leer. Und trotzdem ein bisschen stolz, dass ich überhaupt angekommen bin.

Erstaunlicherweise erkälte ich mich nicht und die heiße Brühe im Hotel ist göttlich.

Wäsche und Shirts

Shirts und Unterbekleidung aus Merinowolle sind angenehm, atmungsaktiv und natürlich. Merinowolle wirkt nicht nur wärmend, sondern auch temperaturausgleichend. Feuchtigkeit wird nach außen geleitet und wir bleiben am Körper trocken.

Verschiedene Sportbekleidungshersteller bieten mittlerweile Lauf-Shirts und -Leggins für „untendrunter“ aus Wolle an. Auch synthetische, atmungsaktive und leichte Sportunterwäsche zeichnet sich durch hervorragenden Tragekomfort aus und trocknet schnell.

Mützen und Co.

Eine Mütze ist in der kühleren Jahreszeit empfehlenswert, da über den Kopf viel Wärme abgeleitet wird. Das Erkältungsrisiko lässt sich durch das Tragen einer Mütze beim Laufen meiner Erfahrung nach reduzieren. Sie sollte aus atmungsaktivem Material sein. Je nach Kälte und eigenem Gefühl kann man zwischen unterschiedlichen Modellen wählen: von leicht bedeckend bis hin zu dick und wärmend.

Auch über die Hände wird viel Wärme abgeleitet: Aus diesem Grund sind zumindest in der kühleren Jahreszeit Handschuhe ratsam. Auch hier gilt wieder: Ganz nach persönlichem Wohlgefühl!

Für Temperaturen um die null Grad und drunter gibt es dickere, besser wärmende Handschuhe (Skihandschuhe), für Temperaturen über null gibt es ganz leichte Baumwollhandschuhe oder Handschuhe aus atmungsaktivem, synthetischem Stoff. Im Winter beginne ich persönlich einen Lauf meistens mit Handschuhen, ziehe sie dann aber nach einiger Zeit aus, wenn die Hände warm sind. Die Mütze allerdings nicht, da die Erkältungsgefahr dann größer ist!

Angenehm sind auch Multifunktionstücher, die als Mütze oder als Halstuch verwendet werden können. Sonnenschutzkappen in der heißen Jahreszeit sind empfehlenswert, um einem Sonnenstich vorzubeugen. Diese gibt es in unterschiedlichen Materialien, wobei auch hier leichte, schnelltrocknende und atmungsaktive Stoffe von Vorteil sind.

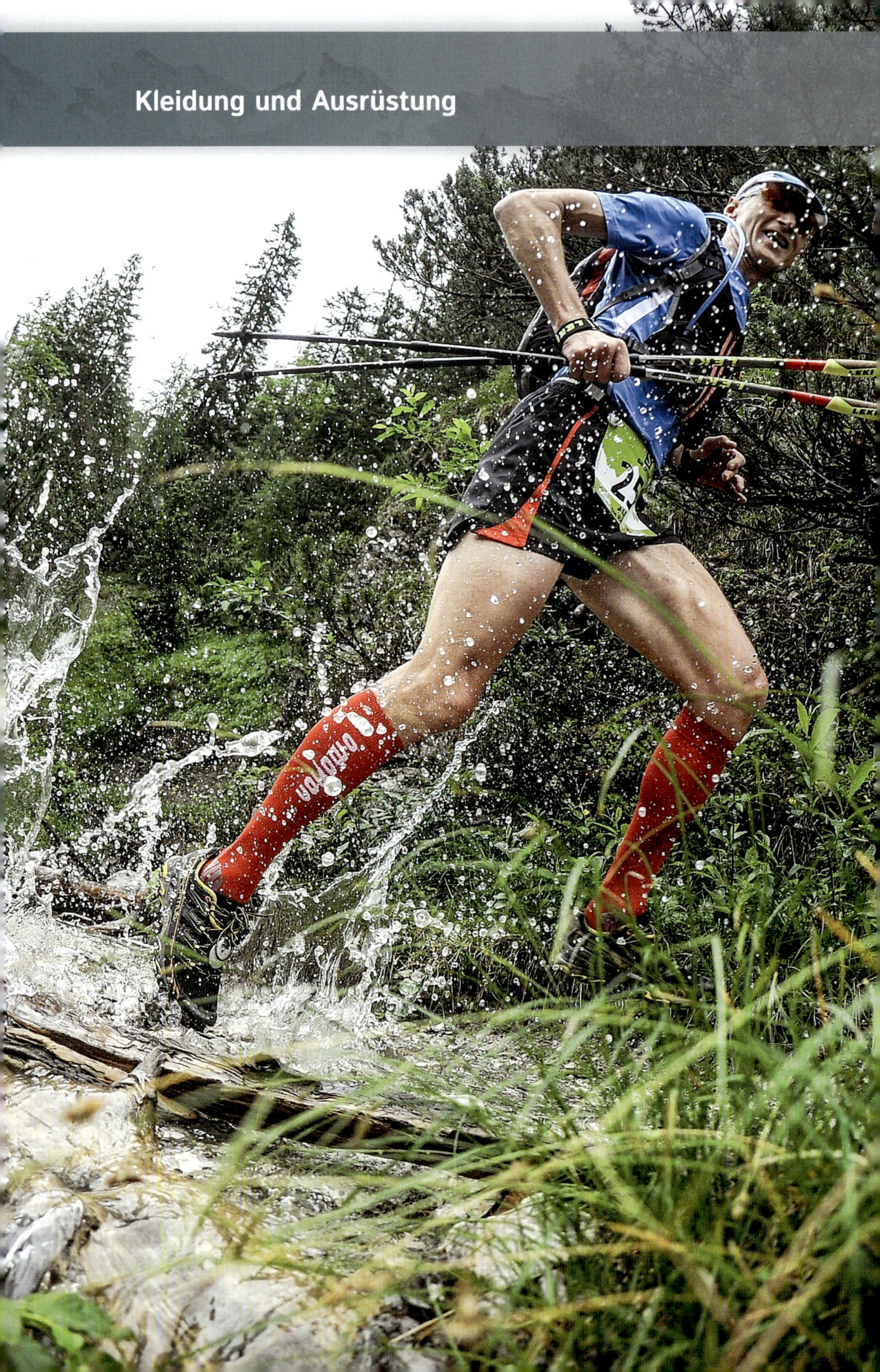

Kompressionssocken, -strümpfe und -leggins

Kompressionsstrümpfe bzw. Kompressionsleggins sind sehr eng sitzende, spezielle Strümpfe, Socken oder Leggins, die die Durchblutung der Muskulatur verbessern und schnelle Ermüdung verhindern sollen. Hauptsächlich werden Kompressionsstrümpfe (also Kniestrümpfe) getragen, aber auch Hosen in allen Längen.

Fast alle Trailläufer laufen mit diesen Strümpfen. Der echte wissenschaftliche Beweis fehlt aber bislang. Marika, die viel Erfahrung mit langen Läufen hat, findet sie besonders bei langen Läufen angenehm, sie stützen die Muskulatur und geben ein stabiles, sicheres Gefühl.

Es gibt sie in unterschiedlichen Farben von unterschiedlichen Herstellern und zu unterschiedlichen Preisen. Erwiesen ist, dass sich das Tragen von Kompressionsstrümpfen positiv auf die Regeneration auswirkt, deshalb ist es sinnvoll, sie nach dem Training noch eine Weile zu tragen.

Kompressionsstrümpfe stützen die Muskulatur und wirken sich positiv auf die Regeneration aus.

Laufgürtel und Laufrucksäcke

Wenn eine längere Tour geplant ist, stellt sich die Frage, was alles mitzunehmen ist und vor allem worin. Als bequeme Möglichkeit gibt es grundsätzlich zwei Varianten: einmal der Laufgürtel, der neben Taschen auch idealerweise schon mit Halterungen und einen bis zwei befüllbaren Trinkflaschen ausgestattet ist, zum anderen der Laufrucksack mit Trinksystem.

Beide Systeme sind empfehlenswert, allerdings sollte man auch schon hier ausprobieren, mit welchem man besser zurechtkommt. Für längere Läufe ist sicher der Laufrucksack die komfortablere Variante, darin kann auch Kleidung verstaut werden.

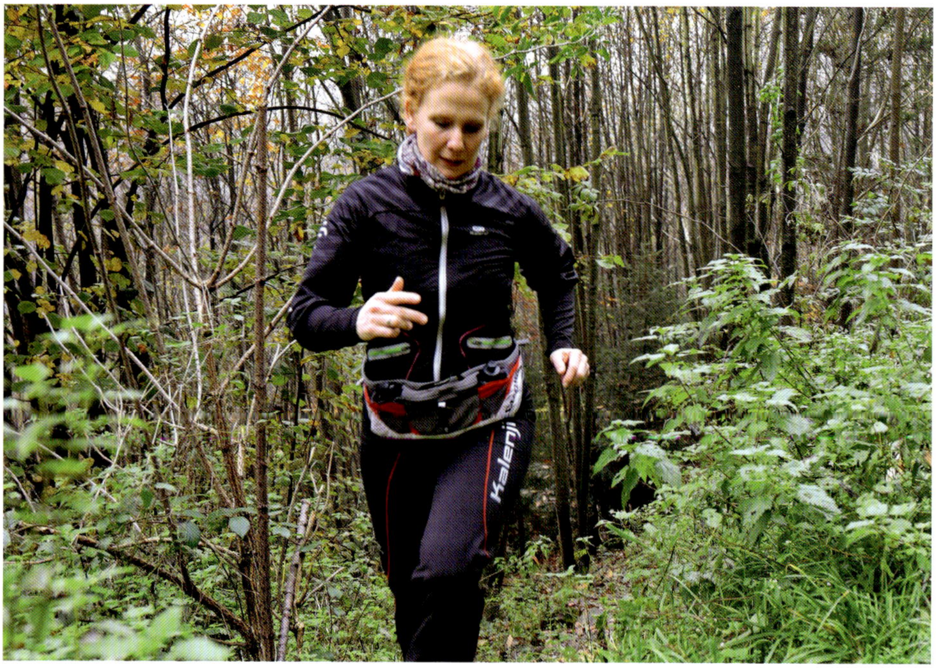

Leichtes Gepäck für eine kleine bis mittlere Runde: Im Laufgürtel lässt sich bequem etwas zu trinken, eine Kleinigkeit zu essen und das Handy transportieren.

Laufgürtel

Bei den auf dem Markt angebotenen Laufgürteln ist die Passform wichtig. Unangenehm ist, wenn das Teil wie ein Hula-Hoop-Reifen um die Hüfte kreist – er sollte also stufenlos und fest am Körper angebracht werden können – etwa mit Klettverschluss.

Gute Erfahrungen haben wir mit Laufgürteln gemacht, die eine Kombination aus Tasche (fürs Handy und Kleingeld) und Flaschenfutteral mit Flasche haben, das fest am Gurt angebracht ist bzw. Bestandteil des Gurtes ist.

Materialgürtel, die individuell mit unterschiedlichen Behältnissen und Flaschenträgern bestückt werden, sind unserer Meinung nach für das Traillaufen eher ungeeignet, da die einzelnen Komponenten am Gürtel umherwandern und stören.

Laufrucksäcke

Auch hier ist der perfekte Sitz unerlässlich. Bevor wir uns das erste Mal auf eine wirklich lange Tour begeben, sollte der Rucksack schon einmal bei kleineren Strecken getragen worden sein – erst beim längeren Tragen stellt sich nämlich heraus, ob der Rucksack scheuert, und wenn, dann wo, und ob man das dann auch längere Zeit ertragen kann. Zu tief sitzende Rucksäcke können leider großflächige Hautabschürfungen am unteren Rücken verursachen – Marika und Oliver haben das schon leidvoll erfahren. Ob man also mit einem bestimmten Rucksackmodell klarkommt und wie man das am besten für sich einstellt, muss man schon ausprobieren.

Je nach Vorliebe liegt das Volumen zwischen 12 und 18 Litern inklusive integriertem Trinksystem. Die Trinkblase fasst zwischen 1,5 und 2,0 Litern. Für einen ganztägigen Traillauf ist die große Variante sicher die idealere.

Zu unterscheiden sind Trailrucksäcke, die vorn wie eine Weste mit Reißverschluss zu schließen sind. Diese werden häufig in den Größen S, M und L

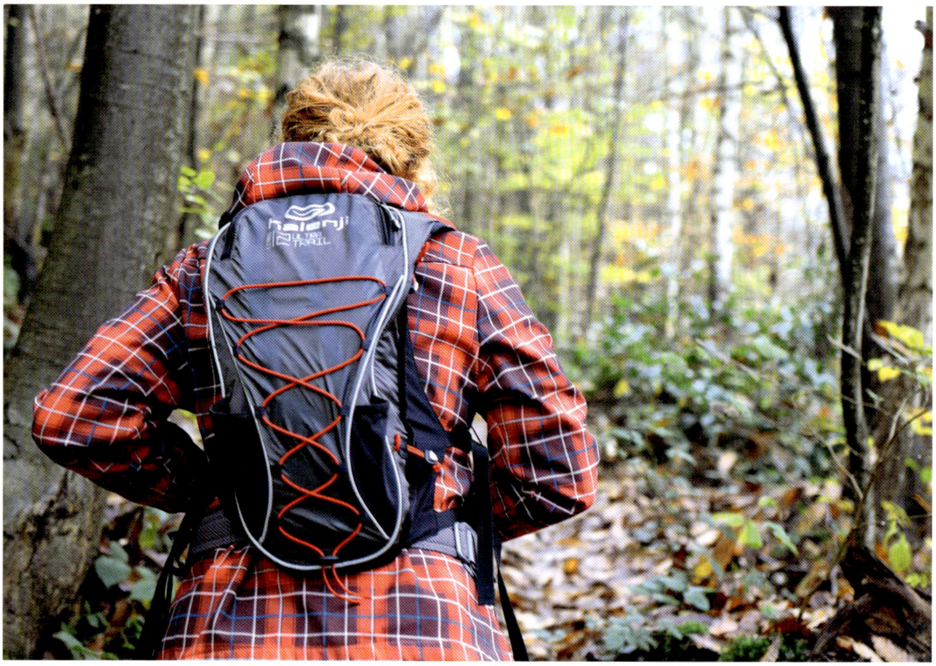

Ein Laufrucksack bietet bei größeren Touren Platz für Proviant, Regenjacke und Erste-Hilfe-Set. Eine Trinkblase ist integriert.

angeboten. Die andere Variante ist die klassische, bei der mit Fixiergurten eine stufenlose Anpassung möglich ist. Auch hier gibt es zumeist unterschiedliche Größen. Mittlerweile gibt es fast so viele Rucksackmodelle wie Trailschuhe und nahezu jeder Equipmenthersteller hat sein eigenes Konzept.

Kleine Rucksäcke für Wettkämpfe erlauben meist nur das Mitführen des notwendigen Flüssigkeitsbedarfs und der absolut unverzichtbaren Ausrüstung; für die geforderte Mindestausrüstung bei alpinen Wettkämpfen bieten diese aber meist nicht genügend Platz.

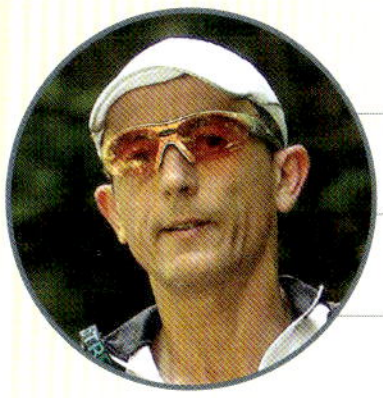

Während einer Etappe des Goretex Transalpine-Run 2012

Morgens beim Start war es knapp über null Grad, der Weg nach oben ging durch sonnendurchflutete Wälder, oben erwartete uns ein schneebedecktes Joch auf zweieinhalbtausend Meter.

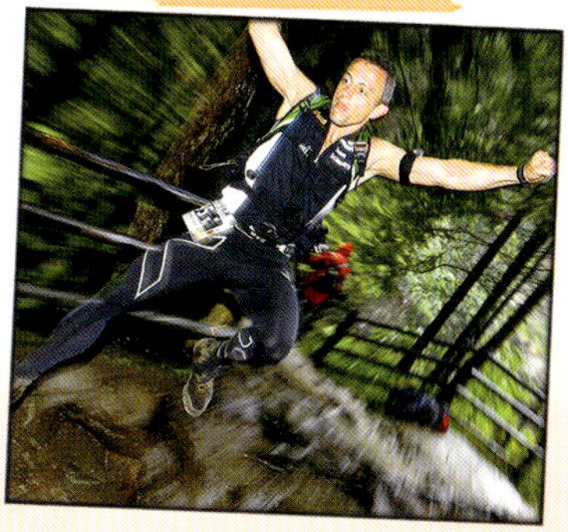

Downhill macht Spaß – für hohes Tempo braucht es allerdings einige Übung

Der unglaublich lange und fantastische Downhill war trocken und staubig und über all dem schien die Sonne.

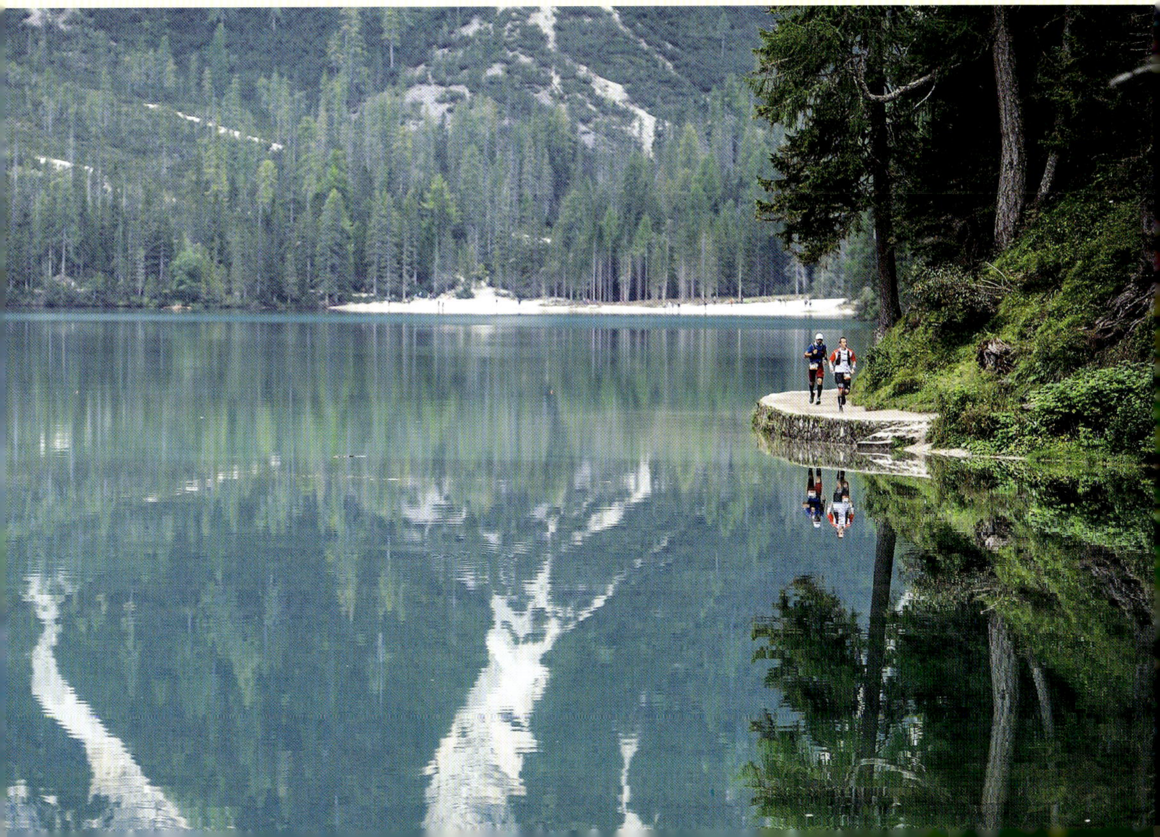

Kleidung und Ausrüstung

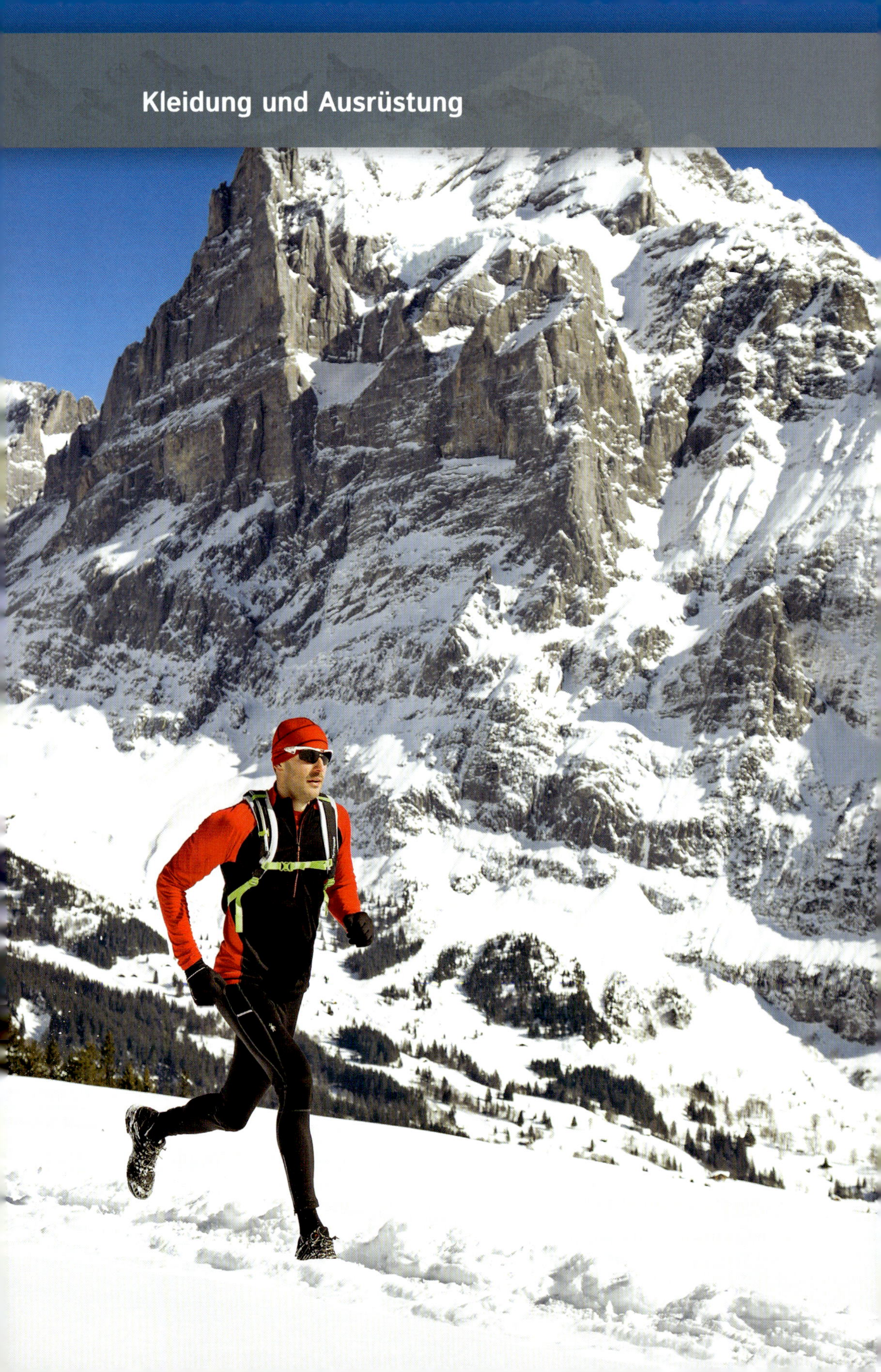

Spezielle Sonnenbrillen

Da unsere Augen genauso wichtig fürs Trailrunning sind wie unsere Füße, sollten sie auch gut geschützt sein. Eine gute Laufbrille erfüllt mehr Aufgaben als eine „Nur“-Sonnenbrille.

Sie bietet UV-Schutz – das tun herkömmliche Sonnenbrillen zumeist auch. Laufbrillen können jedoch mit kontrastverstärkenden Gläsern ausgestattet sein, welche uns helfen im Wechsel von Licht und Schatten, z. B. im Wald, sicher zu laufen und schmale Trails – und was sich so auf ihnen befindet – gut und schnell zu erkennen. Bei besonders schmalen, zugewucherten Trails schützt sie unsere Augen vor Verletzungen von herabhängenden Zweigen.

Bei sehr hellem Sonnenschein, besonders in großer Höhe, und/oder bei Überquerung von Schneefeldern schützt sie unsere Augen bzw. vor Schneeblindheit.

Natürlich schützt die Brille auf trockenen und staubigen Trails auch vor tränenden Augen durch aufgewirbelten Staub oder vor kleinen Steinchen. Eine Laufbrille zu tragen ist besonders für Kontaktlinsenträger ein guter Schutz.

Im Idealfall sollte die Laufbrille auswechselbare Gläser haben und gegebenenfalls sollten auch andere Teile, wie Bügel und Nasenauflage, auswechselbar sein. Eine gute Belüftung der Brille und Beschichtung der Gläser minimiert das Beschlagen, wenn wir ins Schwitzen kommen. Bei den meisten guten Laufbrillen besteht auch die Möglichkeit, der eigenen Sehstärke angepasste Gläser einzusetzen.

Die Laufbrille sollte alles in allem schon recht stabil sein – wir müssen das ja auch, falls wir wirklich einmal stürzen sollten. Sie sollte sehr gut passen; nach Olivers Meinung sollte man sie nach zehn Minuten gar nicht mehr spüren.

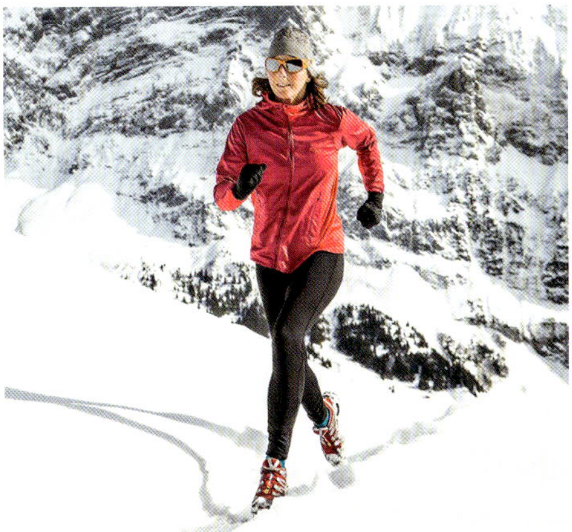

Stöcke

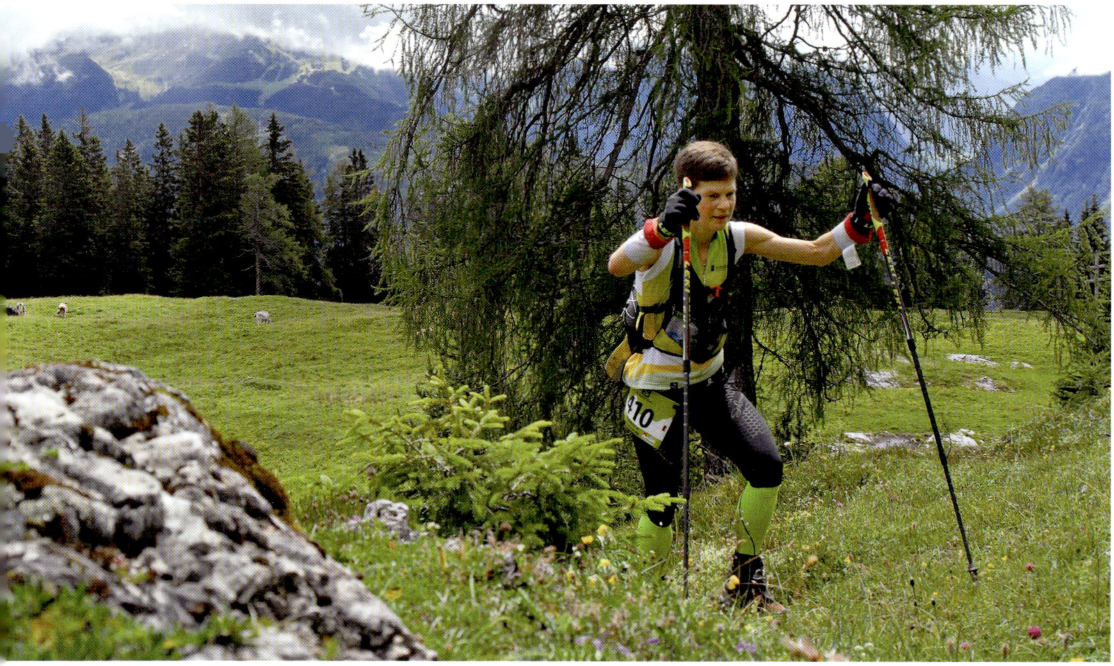

Gerade beim Laufen im gebirgigen Gelände haben sich Stöcke, die es mittlerweile auch speziell für die Bedürfnisse des Traillaufens gibt, bis zu den Spitzenläufern durchgesetzt.

Der Einsatz ist individuell verschieden: Die meisten nutzen sie als Aufstiegshilfe, manche setzen sie aber auch für schnelle, schwierige Bergabpassagen (Downhills) ein und führen sie mit der Geschicklichkeit eines Dirigenten. Ein richtig geführter, kraftvoller Stockeinsatz ist eine echte Erleichterung für die Beine, insbesondere bei Läufen mit mehreren Gipfeln und vielen Auf- und Abstiegen.

Hochwertige Stöcke bestechen durch ihr geringes Gewicht, das zwischen 120 g und 280 g pro Stock liegt. Zum Einsatz kommen unterschiedliche Modelle, die aus Carbon, aus Aluminium oder einer Mischung aus beidem gefertigt sind.

- Fixstöcke, die in der Länge nicht verstellbar sind und eine gute Aufstiegshilfe darstellen - bei Bergsprints also ideal. Für längere Trails mit ebenen Passagen und langen Downhills sind sie nach Marikas und Olivers Erfahrung nicht so geeignet.
- Teleskopstöcke, die sich, wie der Name schon verrät, teleskopartig zusammenschieben lassen. Mittels Dreh- oder Klemmverschluss sind sie individuell in der Länge einstellbar.
- Faltstöcke, die einfach zusammenklappbar sind. Sie werden in unterschiedlichen Längen von ca. 100 cm bis ca. 130 cm angeboten. Die einzelnen Segmente sind mit einem innenliegenden Seil verbunden. Das Zusammen- und Auseinanderklappen ist damit schnell zu bewerkstelligen. Zusammengeklappt finden sie bequem im Rucksack Platz.

Zwei Formen von Griffen sind zu unterscheiden: Einmal Griffe mit einer klassischen Schlaufe, zum anderen solche mit einer handschuhartigen Schlaufe zum Einklicken in das Griffstück. Auch hier sollte man ausprobieren, welche Lösung einem mehr zusagt. Stöcke mit geringem Rohrdurchmesser sind von Vorteil, da man sie bei schnelleren Laufabschnitten bequem beide in einer Hand halten kann.

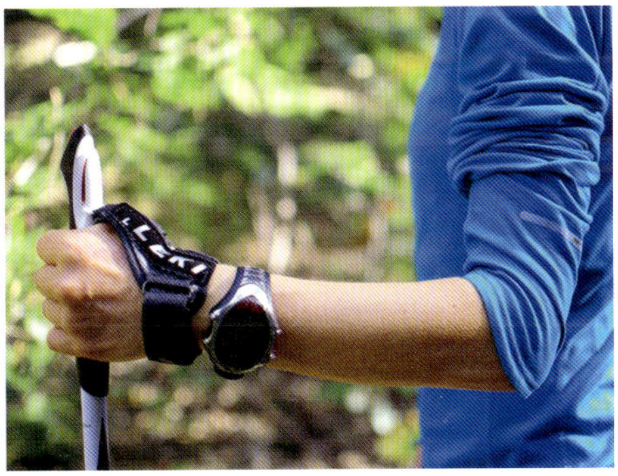

Profi-Tipp zur Einstellung der idealen Länge

Die Ellenbogen sollten sich im 90°-Winkel befinden, wenn der Stock senkrecht vor dem Körper gehalten wird, dies ist die Mindestlänge. Nach Marikas und Olivers Erfahrung jedoch ist eine längere Einstellung der Stöcke – der Winkel ist dann etwas kleiner – vorteilhaft, da mehr Kraft aus den Armen entfaltet werden kann.

Outdoor-Laufuhren

Für ambitionierte Trailläufer ist eine Pulsuhr mit GPS und/oder Höhenmesser durchaus empfehlenswert. Die Auswahl an Laufuhren für Läufer, Radfahrer oder Triathleten ist groß. Auch fürs Trailrunning gibt es mittlerweile viele Modelle hochspezialisierter Uhren, die den Anforderungen des Traillaufens gerecht werden.

Hier haben wir also einmal mehr die Qual der Wahl. Allerdings kann sie abgekürzt werden, indem wir zunächst einmal genau wissen, wofür wir die Uhr brauchen und brauchen wollen:

Eine wesentliche Frage ist, ob die Uhr alltagstauglich sein soll oder ob sie ausschließlich zum Training getragen wird.

Auf dem Markt sind grundsätzlich zwei Typen von Uhren: einmal die Uhren, deren GPS-Funktion integriert ist, zum anderen die Uhren, die getrennte Systeme haben. Der GPS-Sender bildet hier eine eigene Einheit mit eigener Stromversorgung und wird beispielsweise am Oberarm oder am Rucksack befestigt.

Uhren, deren GPS-Funktion bzw. deren GPS-Signalempfänger integriert sind,

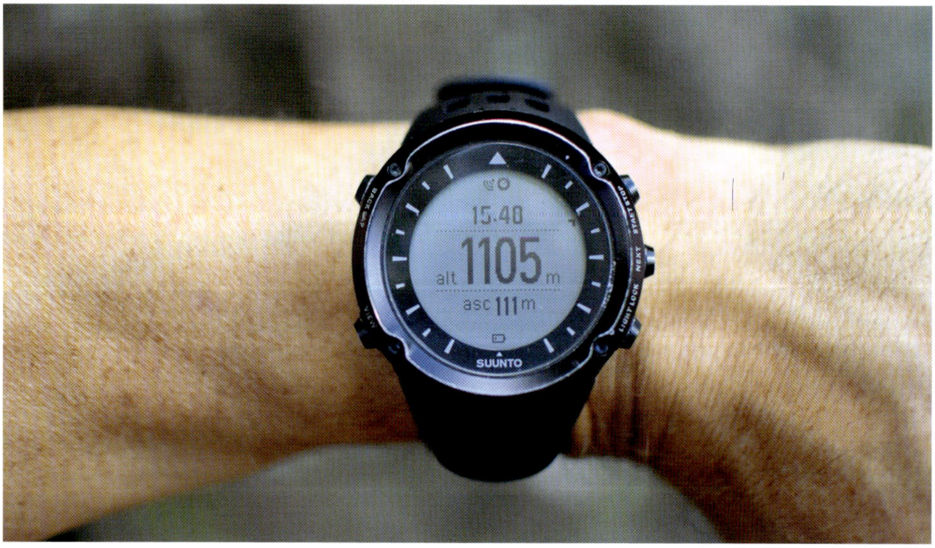

verbrauchen im Gegensatz zu getrennt arbeitenden Systemen sehr viel mehr Strom: Nach ca. 20 Stunden sind die Akkus bei neueren Modellen erschöpft und müssen neu geladen werden. So eine Uhr bietet sich also an, wenn wir sie ausschließlich zum Training und zum Wettkampf tragen. Die Batterien von Uhren, die mit getrennt arbeitenden Systemen ausgestattet sind, halten sechs Monate oder länger – je nach Einsatzhäufigkeit.

Beide Arten von Uhren zeigen üblicherweise die Standardinformationen über die zurückgelegte Strecke und die durchschnittliche Geschwindigkeit. Weitere Funktionen sind die Anzeige der Höhenmeter im Auf- und Abstieg und ein GPS. Sie bieten die Möglichkeit, komplette Strecken oder Wegpunkte vorab einzugeben und so eine geplante Route abzulaufen. Navigation ist jedoch nicht möglich.

Zur Navigation sind die klassischen Karten, vorzugsweise im Maßstab 1:25000, empfehlenswert oder spezielle Handheld-Navigationsgeräte, wie sie z. B. beim Geocaching verwendet werden. Smartphones mit entsprechender App sind bedingt ausreichend.

Alle Modelle bieten weiterhin die Option, die Bildschirmansicht nach eigenen Vorlieben zu konfigurieren und die Daten am PC zu Hause zu übertragen und auszuwerten. Die eigenen physischen Daten können natürlich durch das Nutzen des mitgelieferten Brustgurts ebenfalls verwendet werden.

Profi-Tipp

Auf einem Gebirgstrail, besonders bei eingeschränkter Sicht, empfiehlt Oliver barometrische Höhenmesser, die während des Laufs an Höhenangaben auf der Strecke, wie Gipfelkreuze und Wegpunkte, nachkalibriert werden. Durch Nebel und schlechte Sicht kann eine Abweichung von gerade mal 10 Hm bei der Orientierung mittels Wanderkarte massive Probleme bereiten.

Stirnlampen

Trailrunning ist fast überall möglich. Und damit wir auch frühmorgens, spätabends und in der dunklen Jahreszeit, wenn die Tage kurz sind, sicher laufen können, ist eine Stirnlampe nötig. Unterschiedliche Modelle sind in verschiedenen Ausführungen erhältlich.

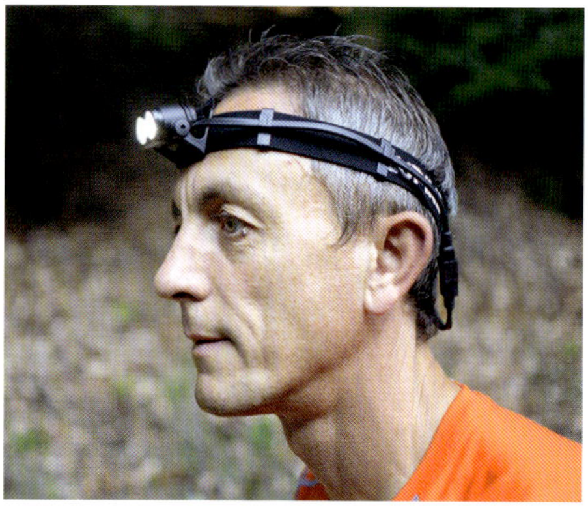

Worauf es ankommt:

- Die Lampe sollte fest am Kopf sitzen. Auch bei schnellen Läufen auf holprigen Trails darf sie nicht verrutschen.
- Komfortabel sind solche Modelle, die sich auch mit Handschuhen gut bedienen lassen – was für die kalte Jahreszeit eine Rolle spielt.
- Einige Modelle sind mit aufladbaren Akkus zur Stromversorgung zu bestücken. Sie sind aus Umweltgründen natürlich zu bevorzugen, ihre Leuchtdauer von ca. sechs Stunden ist zumeist auch ausreichend.
- Die Leuchtdauer bei Batterien ist jedoch deutlich länger, was bei langen Läufen, beispielsweise Ultraläufen, bei denen durch die Nacht gelaufen wird, von Vorteil ist: Ein Batteriewechsel während des Rennens ist leicht zu bewerkstelligen.
- Eine wiederaufladbare Stirnlampe mit Ersatzakku mit einer Leuchtdauer von ca. 15 Stunden bietet hier eine Alternative.
- Auch die Lichtausbeute ist unterschiedlich: Eine Stirnlampe, die für die Straße ausreicht, genügt noch nicht für einen Trail im dichten Wald, bei dem es gilt, Wurzeln, Steine und Pfützen zu erkennen. Aus diesem Grund stellt nach Marikas und Olivers Erfahrung eine Leuchtkraft von ca. 150 Lumen die Untergrenze dar.
- Topmodelle bieten mittlerweile über 1000 Lumen, Ersatzakku und die Möglichkeit, den Akku wahlweise am Kopfband oder am Hüftgurt zu tragen. Die Kosten liegen hier zwischen 150 und 400 Euro.

In der Dunkelheit zu laufen ist etwas ganz Besonderes und auch Abenteuerliches: Bleib einfach mal stehen und leuchte mit der Lampe in den Wald. Du wirst überrascht sein: Du bist nicht allein!

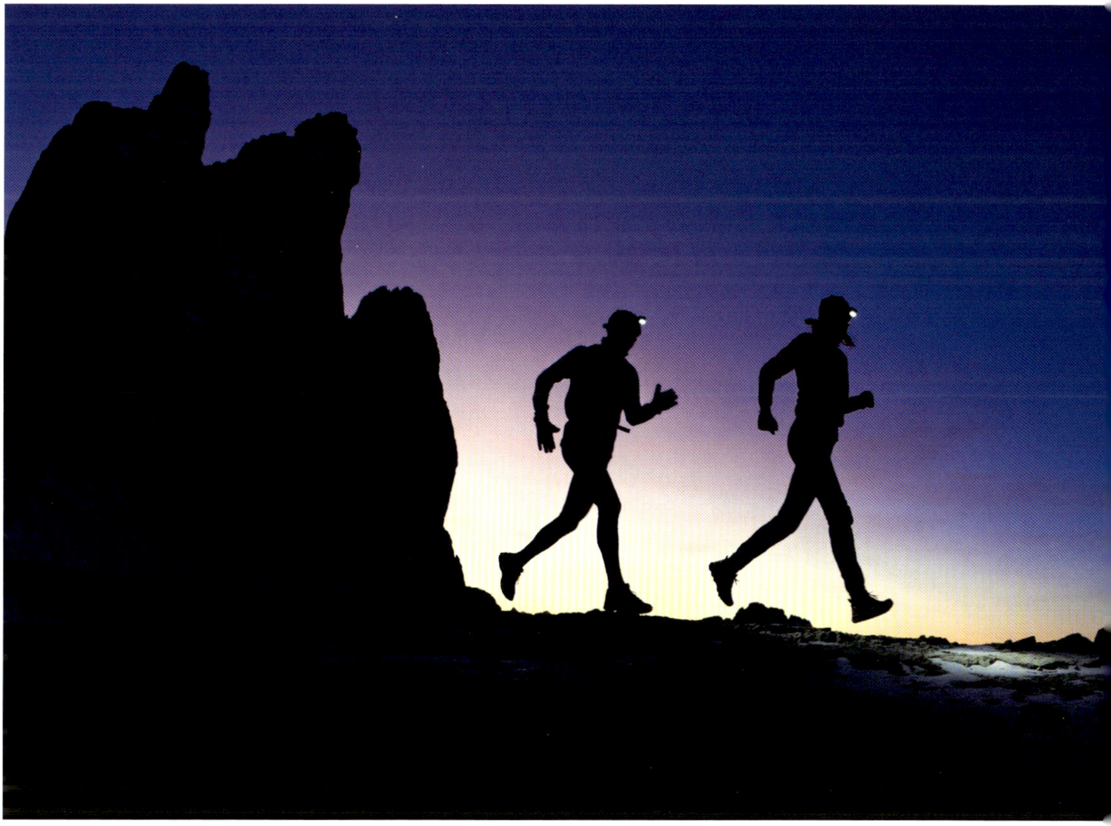

Stirnlampen verlängern die Saison – und den Tag.

Laufen bei kalten Temperaturen

Auch im Winter bei kalten bis sehr kalten Temperaturen (unter null) kann durchaus gelaufen werden! Es sollte jedoch Folgendes beachtet werden:

Unser Körper braucht mehr Zeit, um auf „Betriebstemperatur" zu kommen, deshalb sollten wir uns entweder schon zu Hause aufwärmen oder aber wirklich langsam und gemütlich mit dem Lauf beginnen. Je kälter es ist, umso mehr sollte man Intensität und Lauftempo zurücknehmen. Ein hochintensives Tempo- oder Intervalltraining ist bei –10 Grad nicht empfehlenswert.

Ein leichtes Frieren zu Beginn des Laufs ist nicht weiter schlimm, nach ca. fünf Minuten sollte sich aber unsere Wohlfühltemperatur eingestellt haben.

Des Weiteren ist es wichtig, sich nach Beenden des Laufs schnell etwas überzuziehen. Deshalb: Falls man nicht von zu Hause losläuft, sollte man warme Sachen zum Wechseln im Auto deponieren, um Erkältungen vorzubeugen. Der Körper ist nach einem beanspruchenden Training zunächst etwas anfälliger für Infekte – der sogenannte Open-Window-Effekt.

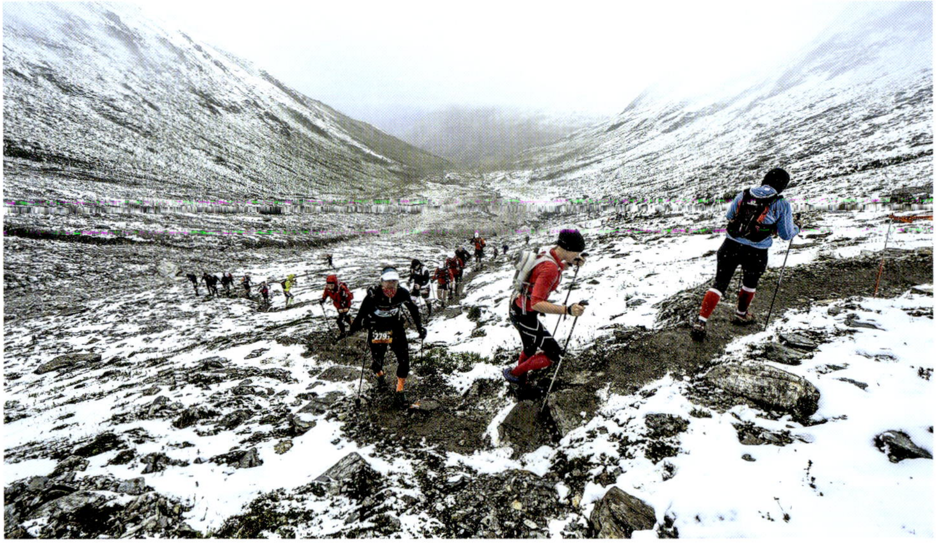

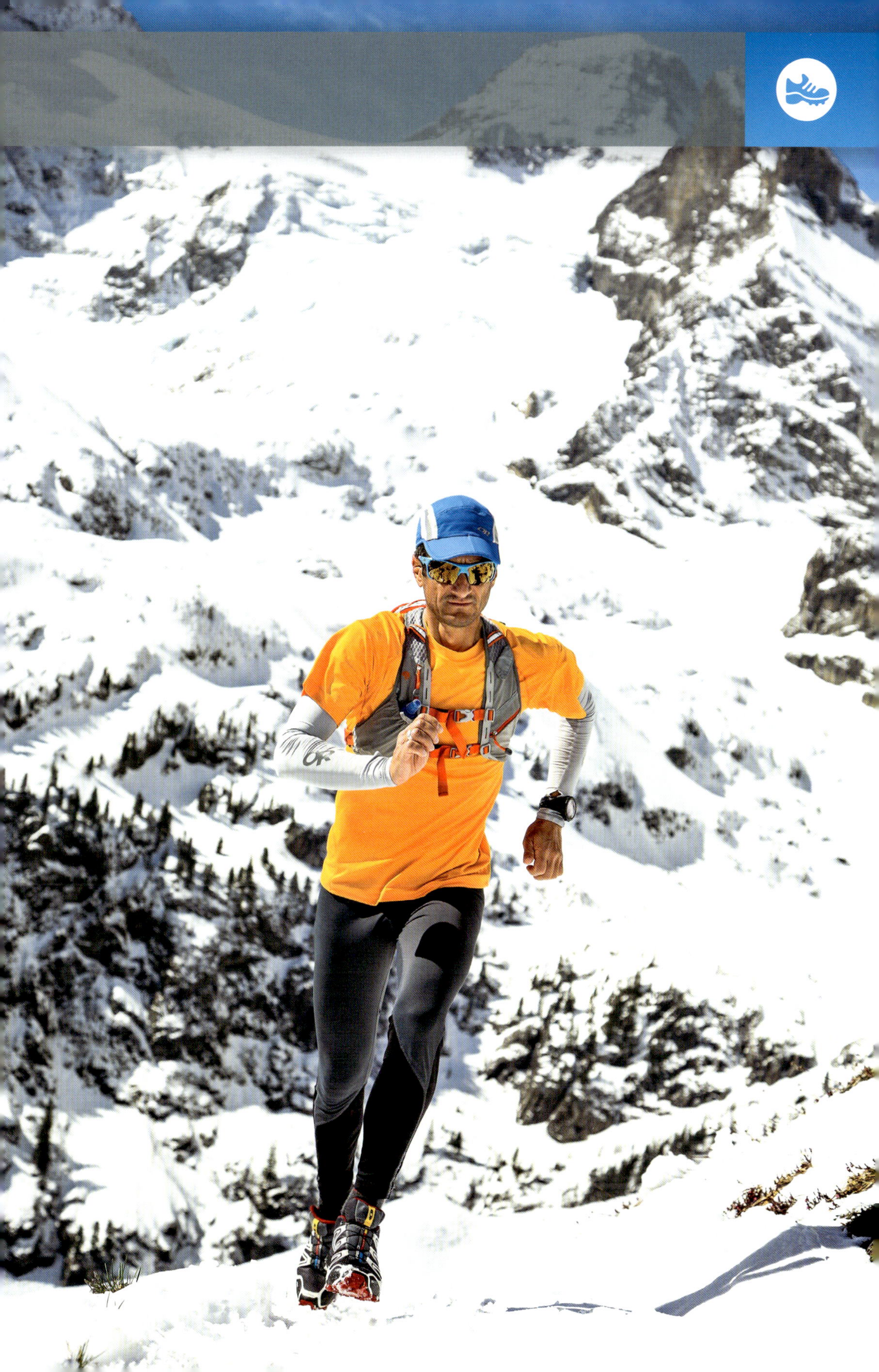

Was muss mit?

Grundausstattung

1. Trailschuh mit Membran
2. kurze Laufhose, schnelltrocknend
3. T-Shirt, schnelltrocknend
4. Lightweight-Jacke
5. Kappe
6. Laufsocken
7. Notgroschen
8. kleine Wasserflasche
9. Erste-Hilfe-Set
10. GPS-Sportuhr
11. Sonnenbrille, am besten mit mitgelieferten kontrastverstärkenden Gläsern
12. Energieriegel
13. Mobiltelefon, evtl. mit wasserdichter Hülle

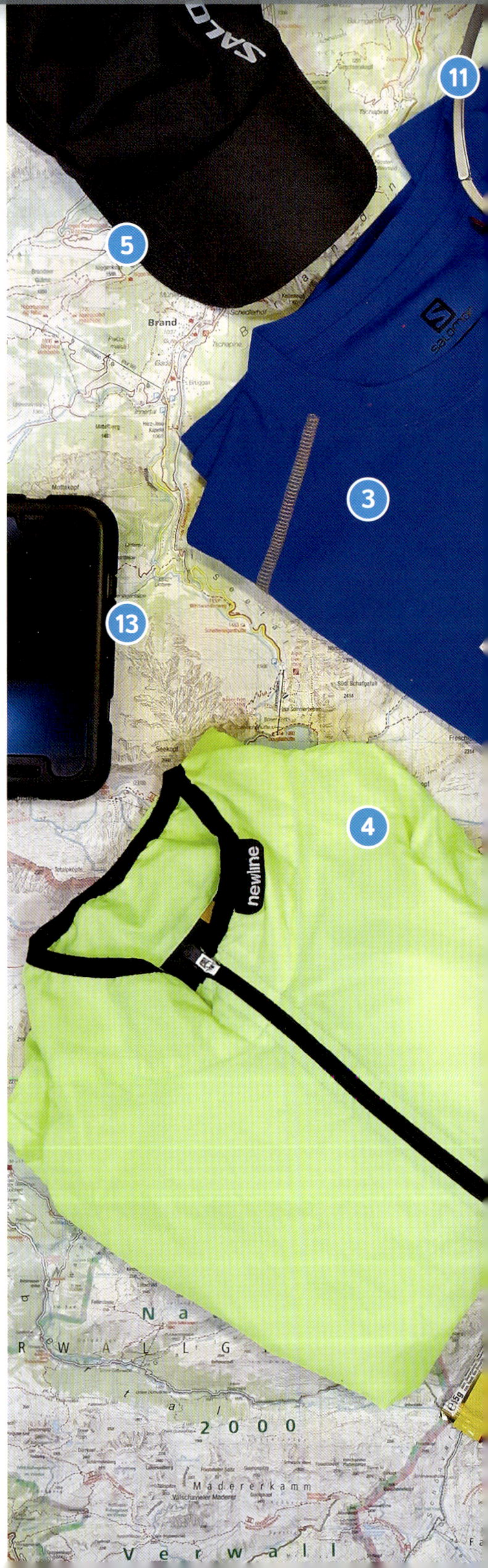

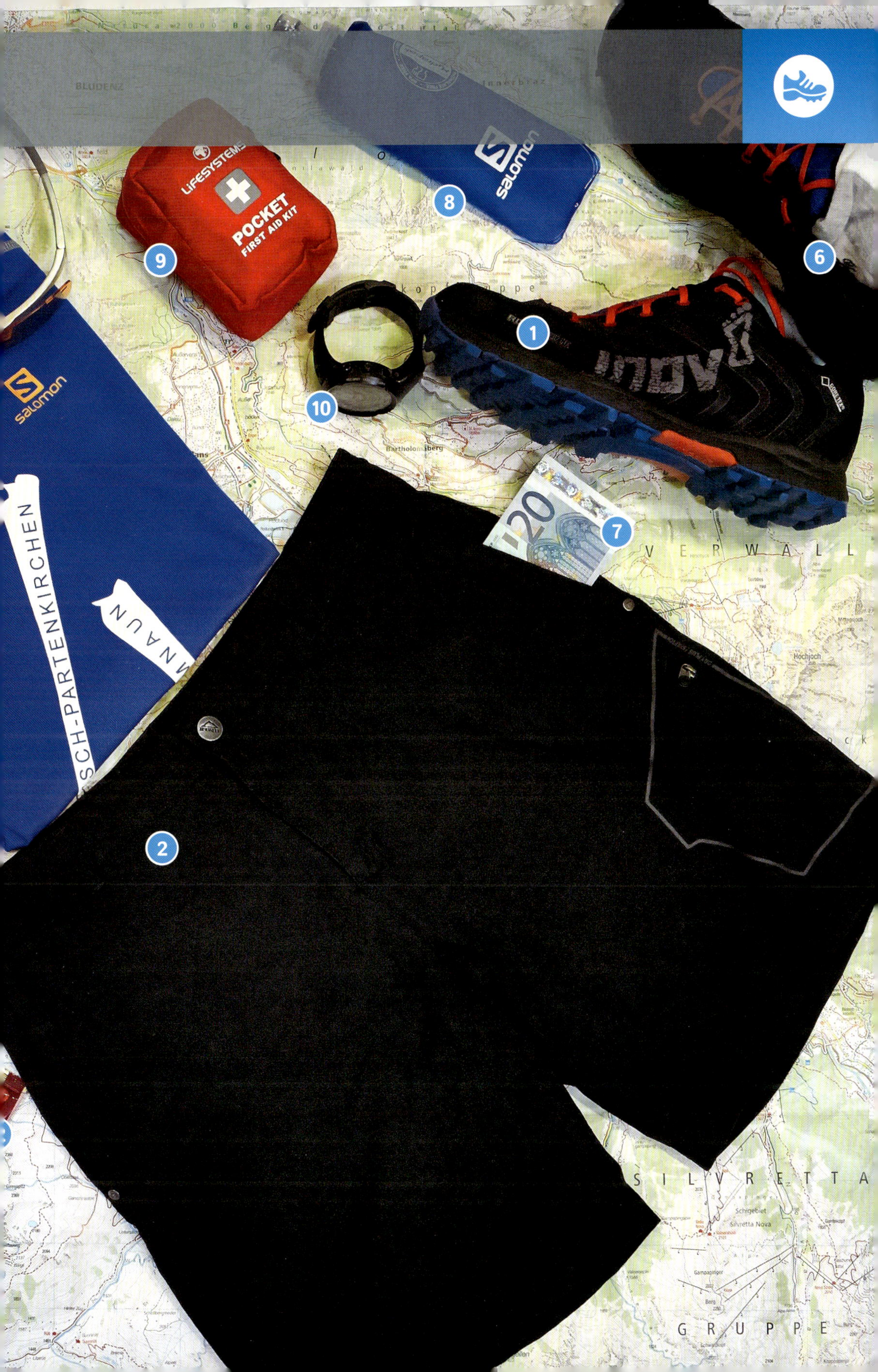
BLUDENZ
LIFESYSTEMS
POCKET
FIRST AID KIT
salomon
salomon
salomon
9
8
6
1
10
7
2
Bartholomäberg
V E R W A L L
Hochjoch
SCH-PARTENKIRCHEN
NAUN
S I L V R E T T A
Schigebiet
Silvretta Nova
G R U P P E

Kleidung und Ausrüstung

Zusatzausrüstung

1. Laufrucksack mit Wasserreservoir 1,5 l
2. Regenjacke mit Kapuze
3. Armlinge
4. Stirnlampe
5. Kompressionsstulpen
6. leichte Handschuhe
7. Gamaschen
8. Lightweight-Hose für Wind- und Regenschutz
9. Stöcke
10. Halstuch

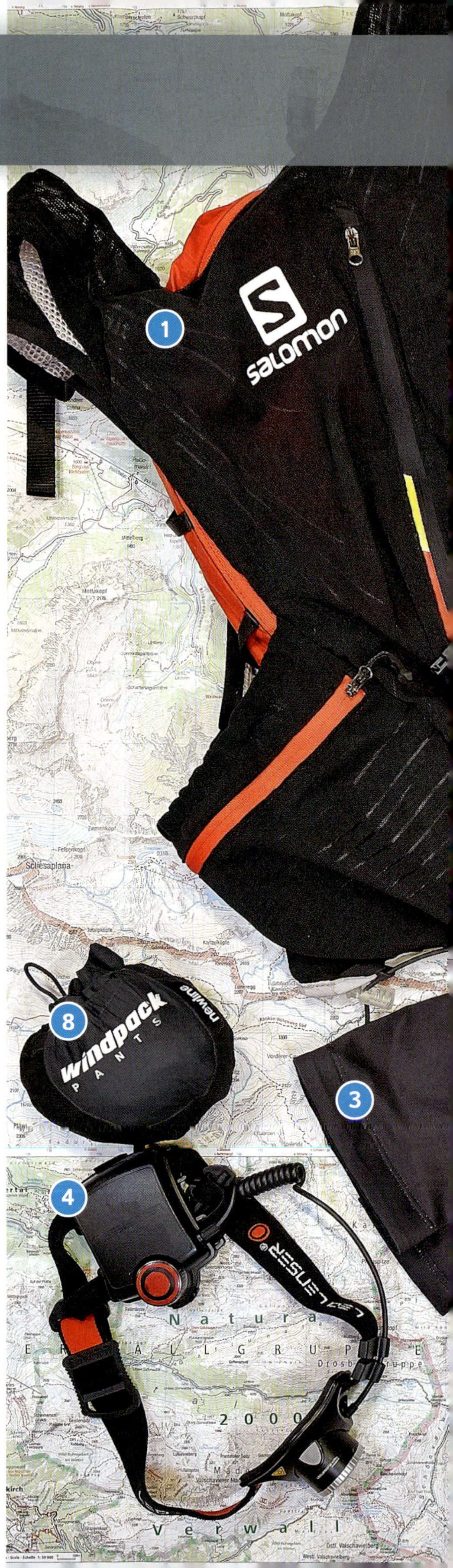

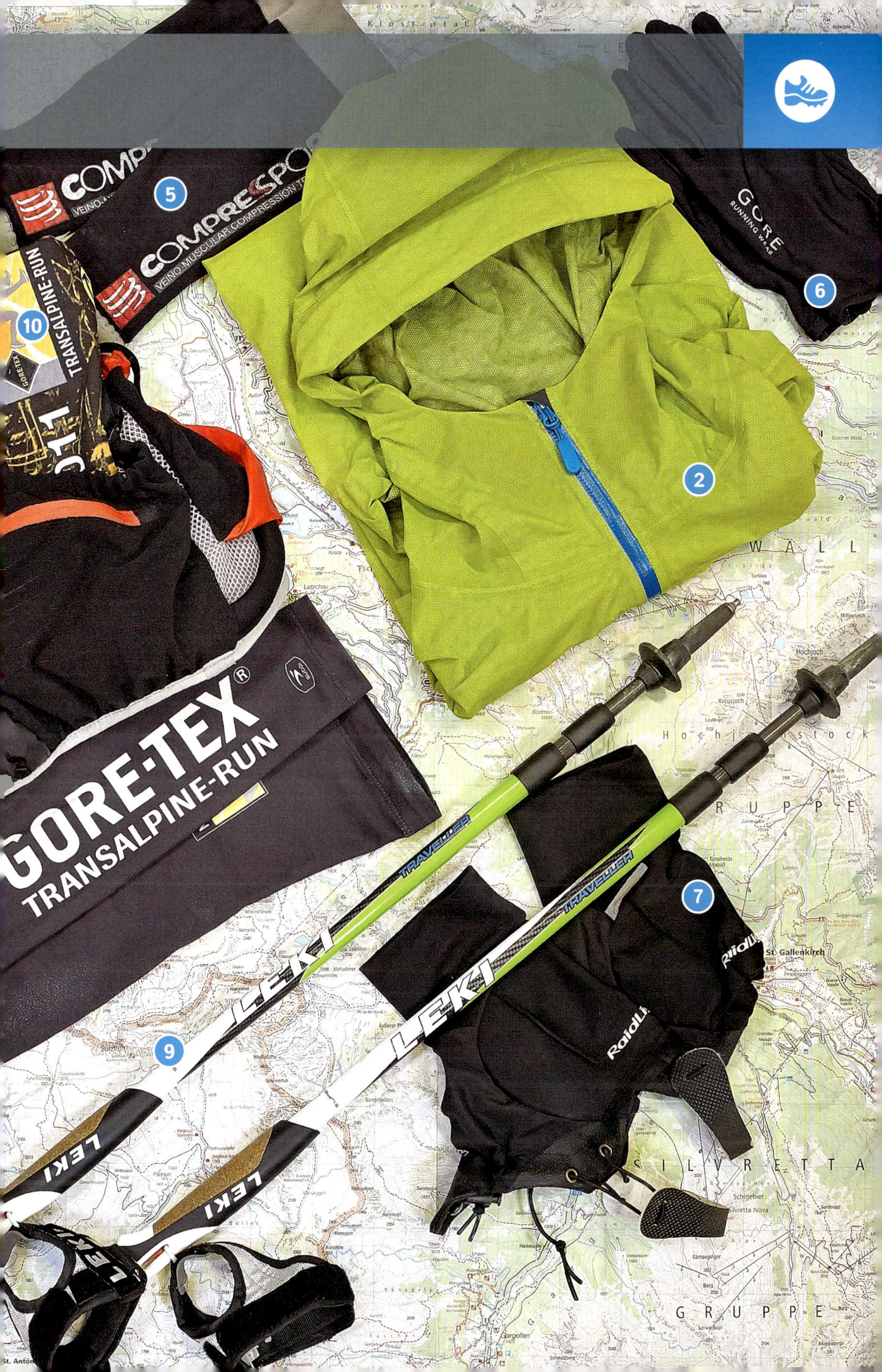
COMPRESSPORT
VEINO-MUSCULAR COMPRESSION
5
GORE
RUNNING WEAR
6
TRANSALPINE-RUN
10
2
GORE-TEX
TRANSALPINE-RUN
LEKI
TRAVELLER
7
9
WALL
RUPPE
SILVRETTA
GRUPPE
St. Gallenkirch

Kurz zusammengefasst

Der wichtigste Bestandteil der Ausrüstung ist der Schuh, dieser sollte gut passen und über einen guten Grip verfügen, um sich sicher auch auf losem Untergrund wie Geröll oder Matsch zu bewegen. Im Gegensatz zu herkömmlichen Laufschuhen ist der Trailschuh weniger gedämpft und verfügt über eine geringere Sprengung, was insofern sinnvoll ist, da der Trailläufer den Untergrund sehr viel deutlicher spüren muss.

Atmungsaktive und relativ engsitzende Laufkleidung, die schnell trocknet, ist empfehlenswert. In der kühleren Jahreszeit sollte man mehrere Schichten übereinander anziehen. Kompressionsstrümpfe sind für den Anfang nicht unbedingt notwendig, aber angenehm und sinnvoll zur Stützung und zur schnelleren Regeneration im Anschluss.

Mütze und Handschuhe sind in der kalten Jahreszeit sinnvoll, da die meiste Wärme über den Kopf und beträchtliche Wärme über die Hände abgeleitet werden. Auch mit Multifunktionstüchern haben wir sehr gute Erfahrungen gemacht, da sie als

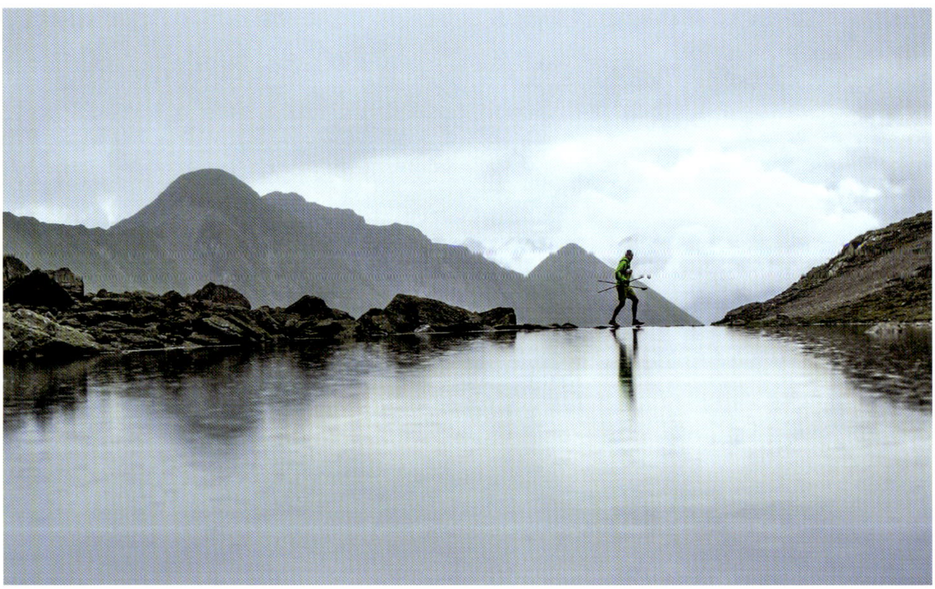

Halstücher (oder als Mütze) angenehm und nicht so voluminös wie herkömmliche Schals sind.

In der warmen Jahreszeit sollte man auf jeden Fall an eine Kopfbedeckung, Sonnenschutz und ausreichend Flüssigkeit denken.

Handy, Notgroschen und eine leichte Jacke sollten bei keinem Lauf fehlen.

Die wichtigsten Fragen:

- Welche Jahreszeit bzw. wie ist das Wetter?
- Wo wird gelaufen? Im Wald, auf Wiesen oder im Gebirge?
- Wie lange ist geplant zu laufen?
- In bekanntem oder in unbekanntem Gebiet?

Profi-Tipp

- Immer dabei haben sollte man ein Mobiltelefon für den Fall der Fälle und etwas Kleingeld.
- Wenn in eher unbekannten Gefilden gelaufen wird, ist eine Wanderkarte im Maßstab 1:25000 und/oder ein GPS-Gerät mit „Find back function" ratsam (in vielen Pulsuhren mit GPS enthalten).
- Bei längeren Touren: ein kleines Erste-Hilfe-Set, eine Rettungsdecke, Wasser und etwas zu essen, weiterhin eine leichte Jacke und Blasenpflaster.
- Im Winter, bei längeren Touren: eine wärmende, wasserdichte Jacke, eine Überziehhose, eine Stirnlampe bei Dunkelheit oder bei Schnee und Sonnenschein eine Sonnenbrille.
- Im Sommer, bei längeren Touren: ausreichend Wasser, Salztabletten, Kopfbedeckung, Sonnenschutzcreme, Sonnenbrille und eine leichte Jacke.

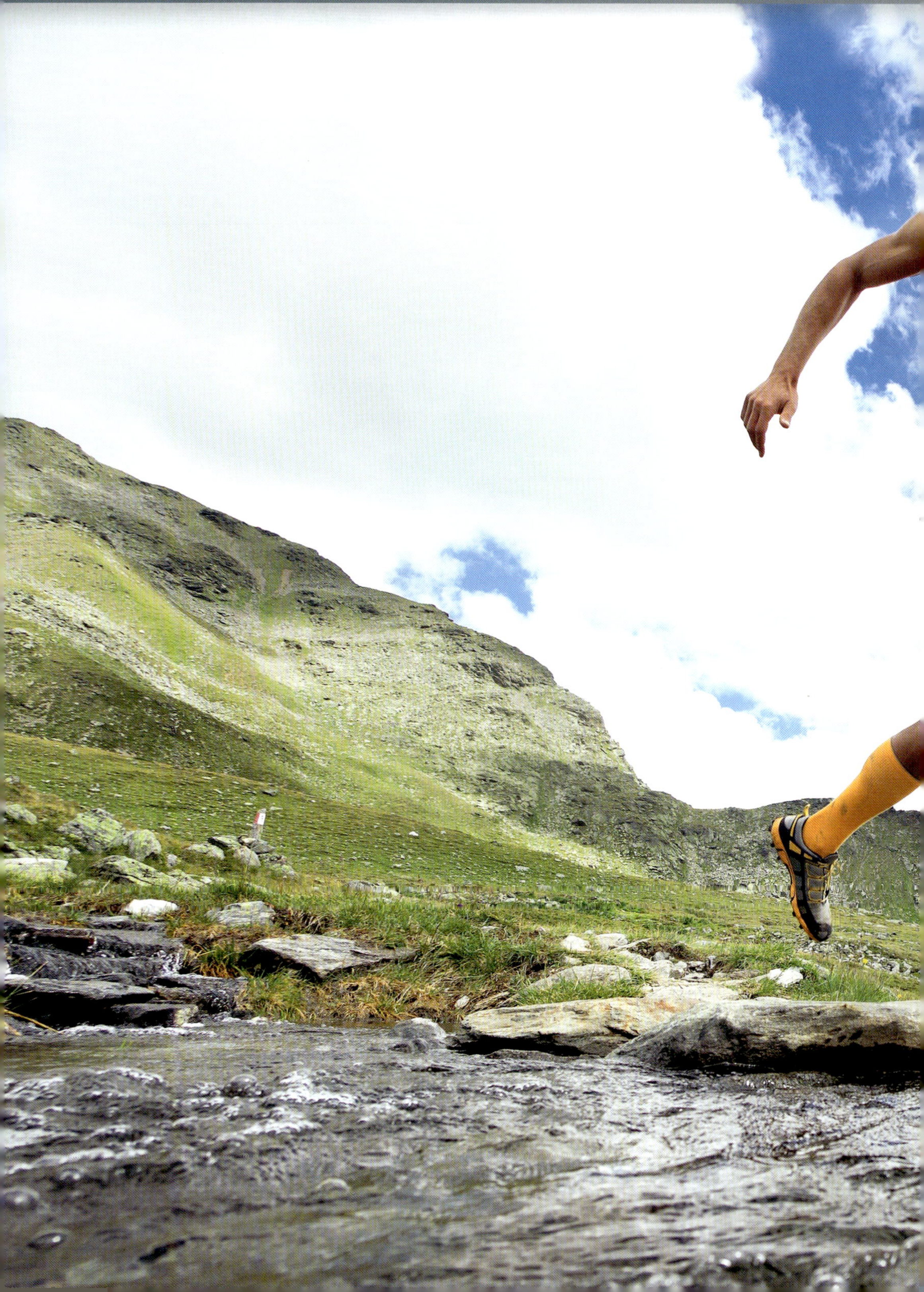

Umfassendes Körpertraining

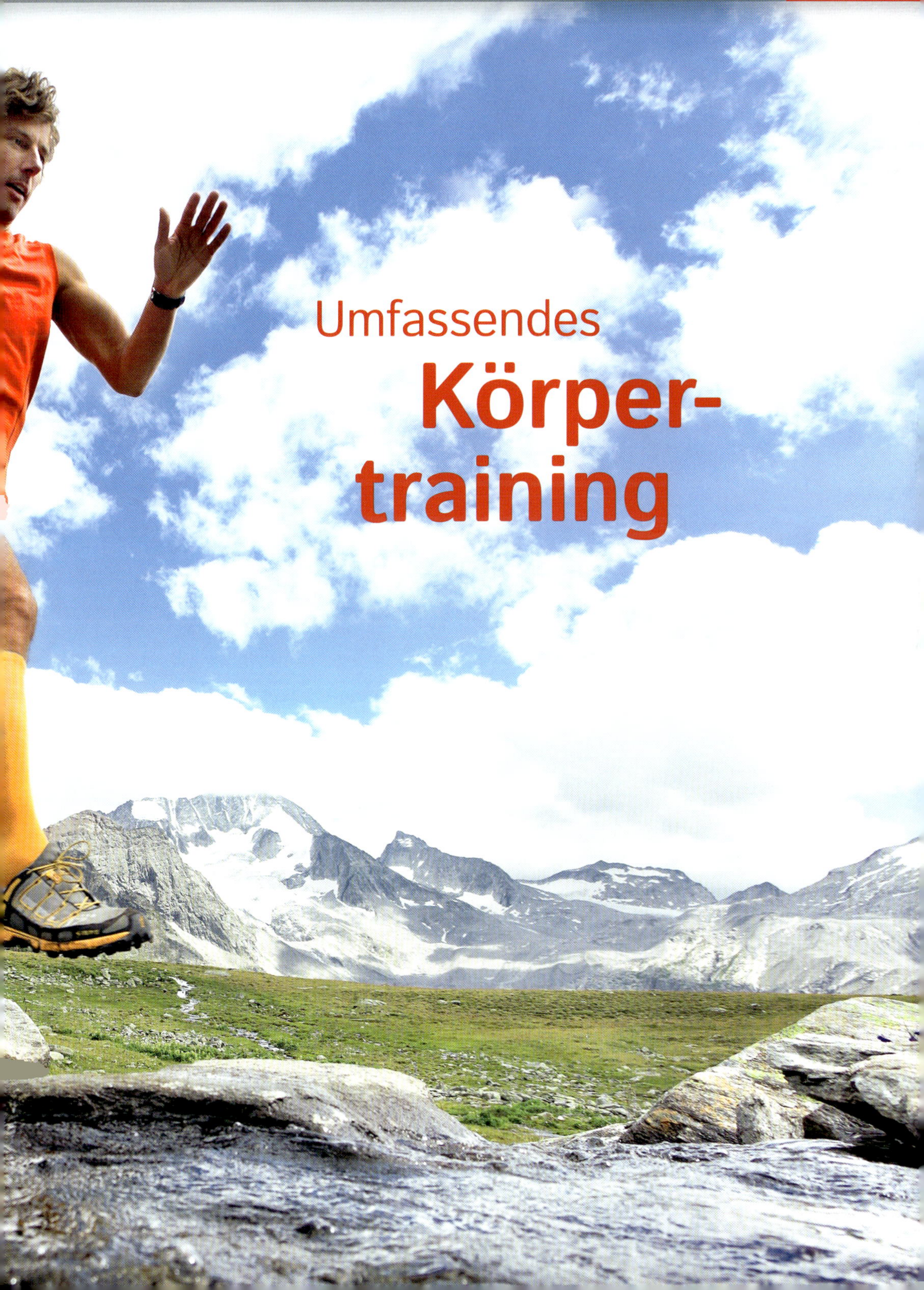

Muskulatur und passiver Bewegungsapparat

Traillaufen ist besonders im hügeligen bis alpinen Gelände reizvoll, was auch besondere Ansprüche an unseren gesamten Körper nach sich zieht. Hier findet während des Laufens sozusagen ein Ganzkörpertraining statt. Neben der Oberschenkelvorderseite müssen auch unsere gesamte Rückseite, also die Beinrückseiten, die Waden, der Po und der untere Rücken intensiv mitarbeiten.

Je steiler das Gelände ist, desto mehr arbeitet die rückseitige Muskulatur. Diese ist durch unseren meist bewegungsarmen Alltag stark vernachlässigt und im Vergleich zu der vorderseitigen Beinmuskulatur schwächer. Dadurch können muskuläre Dysbalancen entstehen, die dann oftmals zu Rücken- und Knieproblemen führen.

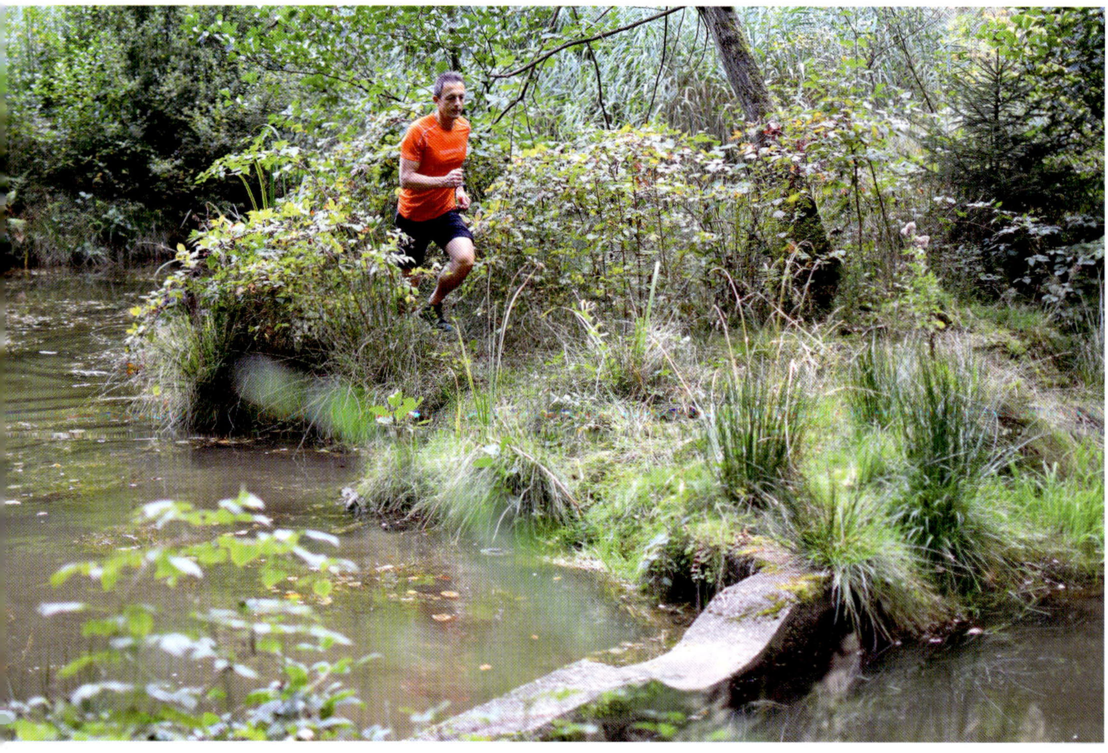

Durch Traillaufen stärken wir also auch unseren Rücken. Sinnvoll ist es aber dennoch, den Rücken ergänzend durch gezieltes Krafttraining zu stärken. Auch typische Laufbeschwerden, wie zum Beispiel das „Läuferknie“ oder Schienbeinprobleme, können von einem ungleichen Trainingszustand von unserer Vorder- und Rückseite stammen.

Auch der Oberkörper ist beim Traillaufen intensiver im Einsatz als beim Laufen auf ebener Strecke. Die gesamte Bauch- und Rumpfmuskulatur wird gefordert, da sie den Körper auch auf schwierigen Fels- und Wurzelpassagen im Gleichgewicht halten muss – wenn Stöcke eingesetzt werden, arbeiten Schultern, Brustmuskeln und auch der Trizeps intensiv mit.

Der Einsatz von Stöcken ist teilweise durchaus hilfreich, doch auch das sollte ausprobiert und trainiert werden. Bei längeren Läufen ist es sinnvoll, zwischendurch einmal bergauf zu gehen. Bei Ultraläufen oder Etappenrennen gibt es selbst bei den Schnellsten kaum jemanden, der komplette Distanzen durchläuft. Beim Gehen rollt der Fuß mehr ab, die Schrittlänge ist größer und der Oberkörper ist mehr im Einsatz. Da die Gehmuskulatur eine andere ist als die Laufmuskulatur, sollte auch das zügige Gehen, auch mit Stockeinsatz, trainiert werden.

Beim Bergablaufen wird die Muskulatur, aber auch das passive Gewebe, noch mehr gefordert, da sie exzentrisch, also abbremsend arbeitet. Das stellt zwar einen intensiven Trainingsreiz dar, verursacht aber auch vermehrt Muskelkater, der bei schlechter Vorbereitung auch mit Verletzungen (Muskelfaserriss etc.) enden kann. Wenn Bauch und Rücken – also unsere gesamte Rumpfmuskulatur – aber gut trainiert sind, können diese Muskeln einiges abfedern.

Der häufige Untergrundwechsel, wenn der Lauf über Straßen, Forstwege, Wiesen, Wurzeln, Geröllfelder und Felsen geht, führt dazu, dass wir unsere Schrittfrequenz und unsere Schrittweite ständig variieren. Auch der Laufstil muss sich andauernd neu anpassen. Unsere gesamte Muskulatur, vom Kopf bis zu den Zehen, wird ständig neu gefordert und aus diesem Grund automatisch trainierter. Überlastungsschäden, wie beispielsweise Achillessehnenprobleme oder der bekannte Fersensporn, entstehen dann entweder durch einen zu schnellen Einstieg ins Traillaufen oder resultieren aus zu langen Strecken. Irgendwann ermüdet auch die beste und austrainierteste Trailmuskulatur, die Koordination lässt nach und die Gefahr von Verletzungen ist, wie bei jedem anderen Sport bei Überbelastung, hoch. Auch falsches, schlecht sitzendes Schuhwerk kann die Ursache für Probleme sein.

Für die Füße und Sprunggelenke stellt der unebene Untergrund eine besondere Herausforderung dar, vor allem wenn man mit Barfuß- oder Minimalschuhen läuft. An diese sollten wir uns jedoch langsam und in einfachem Terrain gewöhnen.

Wer bisher fast ausschließlich auf der Straße gelaufen ist, sollte aus diesem Grund nicht gleich ins bergige oder technisch schwierige Gelände einsteigen, sondern sich erst einmal über kleine Wald- und/oder unbefestigte Wiesenwege an den wechselnden, instabileren Untergrund gewöhnen.

Ein ergänzendes Krafttraining ist für Trailläufer absolut ratsam: Erstens schützt es uns vor den typischen Läuferbeschwerden und außerdem macht es uns schneller, ermüdungsresistenter und so macht das ganze viel mehr Spaß – was ja für uns im Vordergrund steht! Neben individuellen Schwachstellen müssen hier vor allem der gesamte Rücken, die Beinrückseite, der Po und der Bauch trainiert werden. Auch unsere Füße werden vom Krafttraining gestärkt.

Herzkreislaufsystem

Ständiges Auf- und Ablaufen auf wechselndem Untergrund und ab und an noch ein Sprung über Pfützen, Bäche, Gehölz – klar, dass das Herzkreislaufsystem auf eine ganz andere Weise gefordert wird als bei der Runde um den Block. Kontrolliertes Laufen nach Puls ist also beim Traillaufen nicht so gut durchführbar – wobei wir uns schon grob daran orientieren können: Beim Traillaufen machen wir also automatisch immer ein Intervalltraining und/ oder Fahrtspiel, allerdings nicht nur aufs Tempo bezogen. Die Anstiege der Herzfrequenz ergeben sich durch den wechselnden Untergrund und dem Höhenprofil. Wir passen uns ganz natürlich unserer Umgebung an. Das hat sowohl Vor- als auch Nachteile.

Ständige Wechsel der Belastung führen dazu, dass wir uns bei einem ausreichend großem Trainingsumfang auch lange in Bereichen aufhalten können, die wir mit

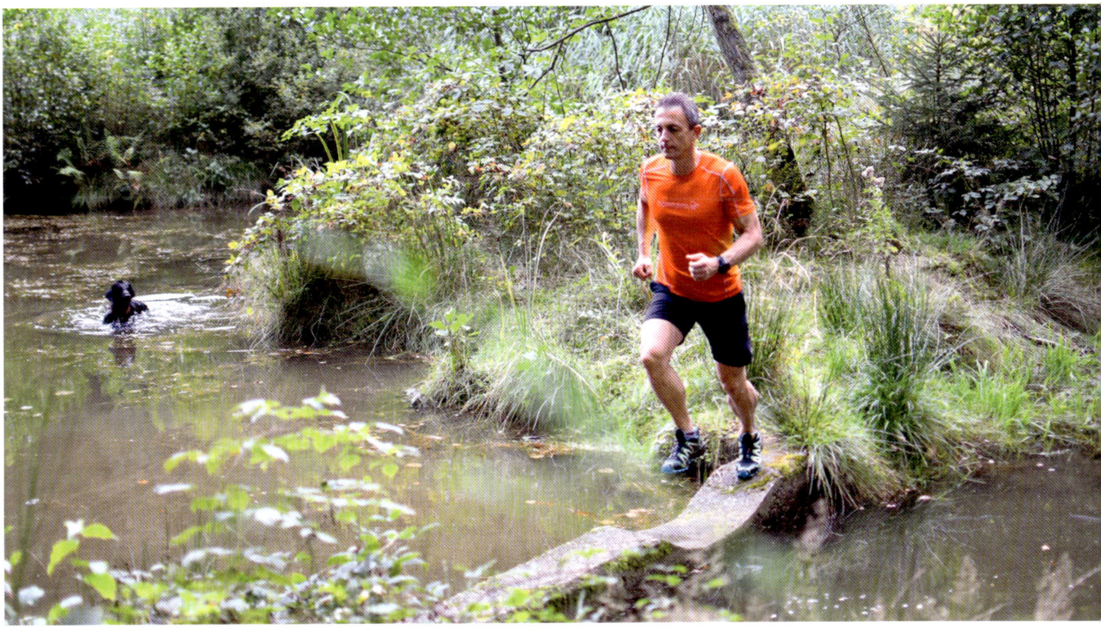

einem reinen Grundlagentraining nicht erreichen. Wenn wir beispielsweise häufig einmal kurz im anaeroben Bereich laufen, können wir unsere Laktattoleranz trainieren. Sehr wichtig ist dies für lange, steile Anstiege und Sprints. Ein Training nur im Grundlagenbereich reicht hier nicht aus, wir sollten schon ab und an mal an unsere Grenzen und ein kleines Stück darüber hinausgehen.

Allerdings liegt hier auch die Gefahr, dass wir uns überlasten. Eine gute Grundlagenausdauer sollte also da sein, bevor man sich schnell laufend ins bergige Trailgebiet wagt. Ständiges Laufen am eigenen Leistungslimit führt irgendwann zum Übertraining und somit steigt auch die Verletzungsgefahr. Es ist eine Gratwanderung, wenn wir uns an unsere Leistungsgrenze wagen; doch auch hier macht sich ein vernünftiges Training bezahlt – unser Körper sagt uns, wie weit wir uns belasten können. Manchmal traut man sich auch selbst zu wenig zu.

„Was ich nicht erlernt habe, das habe ich erwandert.“
(J. W. von Goethe, 1749 – 1832)

Ein Wechsel von zügigem Gehen und Laufen ist ein guter Trainingseinstieg und lässt uns so die Möglichkeit, auch längere Strecken zu bewältigen und zu genießen. Außerdem wird so auch die Grundlagenausdauer gut aufgebaut.

Trailrunning macht schlau!

Koordination, Reaktions- und Orientierungsfähigkeit

Je schwieriger die Pfade sind, desto mehr schulen wir unsere Bewegungsintelligenz. Bei jedem Lauf üben wir das Zusammenspiel unserer Muskulatur, unseres Gehirns und unseres Nervensystems. Gleichzeitig wird neben dem Gleichgewichtssinn unsere Reaktionsfähigkeit geschult, was auch eine etwas verkümmerte Fähigkeit ist, die in unserem risikoarmen Alltag selten beansprucht wird: Wer schnell mal über einen Stein springen kann oder blitzschnell die Richtung ändern muss, reagiert dann auch beispielsweise im Straßenverkehr schneller auf plötzliche Risikosituationen.

Wer dann noch das Risiko eingeht, auch einmal in einem ihm unbekannten Gebiet zu laufen, nur ausgerüstet mit einer groben Karte, der schult zusätzlich noch seinen Orientierungssinn – eine Fähigkeit, die im Zeitalter des GPS und der Navigationssysteme auch viel zu stark verloren geht.

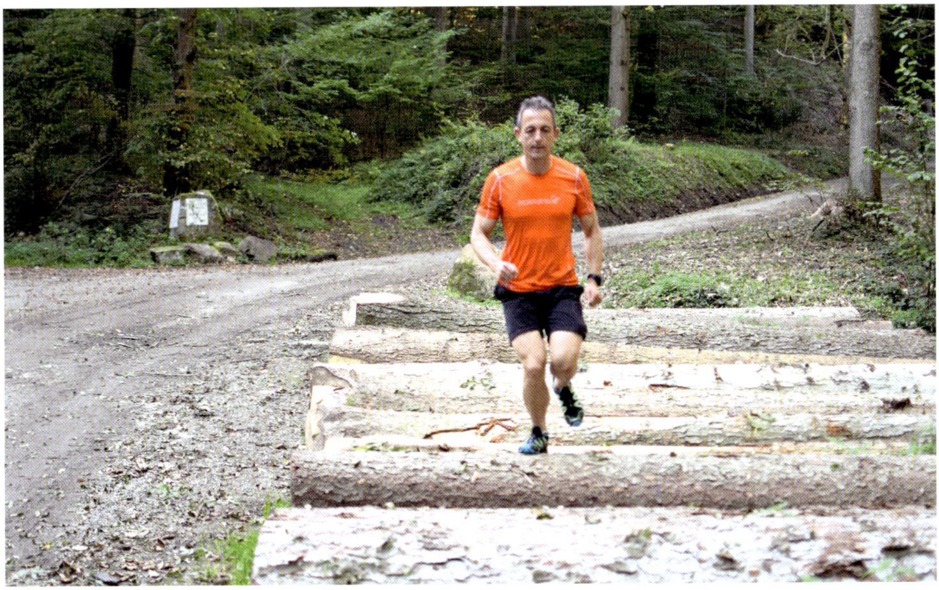

Oliver im „Fitnessstudio" Wald

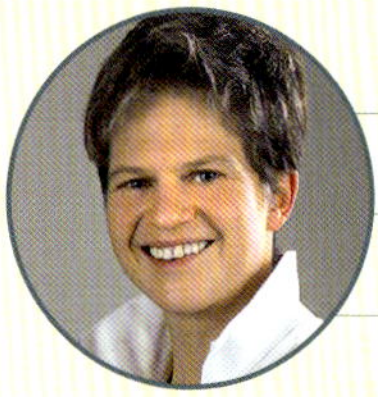

Der innere Schweinehund – und wie man am besten mit ihm umgeht

1. Wenn ich mit dem Gedanken spiele, morgens gleich zu laufen, aber gerne mal Zweifel oder vermeintliche Hindernisse auftauchen, es doch nicht zu tun, hilft es, wenn ich meine Kleidung und meine Laufschuhe schon abends zuvor raus lege, sodass ich gleich morgens darüber stolpere und gar nicht anders kann, als sie gleich anzuziehen und loszulegen.

2. Eine Kurzrunde, die am besten vor der Haustür startet, geht immer!

3. Sich mal ein neues Paar Laufschuhe anzuschaffen oder auch einmal neue Laufkleidung, motiviert ebenfalls und lässt uns den Schweinehund überlisten.

4. Eine feste Verabredung zum Laufen mit einer Gruppe oder einem Laufpartner macht uns auch Beine.

5. Eine Anmeldung zu einem Wettkampf lässt uns besser mit dem Schweinehund fertigwerden.

6. In Laufmagazinen zu stöbern macht Lust, selbst zu laufen!

7. Eine gute Wanderkarte betrachten und einfach mal eine Laufstrecke planen.

8. Läufe planen, die gekoppelt werden mit einem richtigen Ausflug, der in einer Besichtigung, einem Café- oder Biergartenbesuch endet.

9. Ein toller Lauf kann mit spektakulären Fotos auf Facebook gepostet werden! So ist nicht nur für uns sichtbar, dass wir wieder einmal über den Schweinehund triumphiert zu haben.

10. Mit dem Schweinehund wird erst gar nicht diskutiert: Er muss halt einfach mitlaufen.

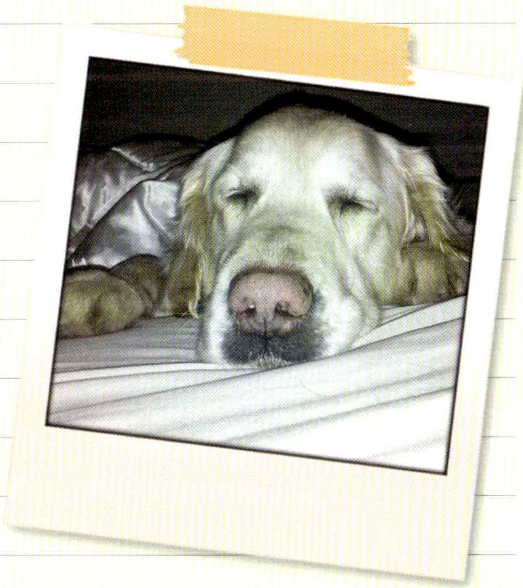

Mögliche Risiken des Traillaufens

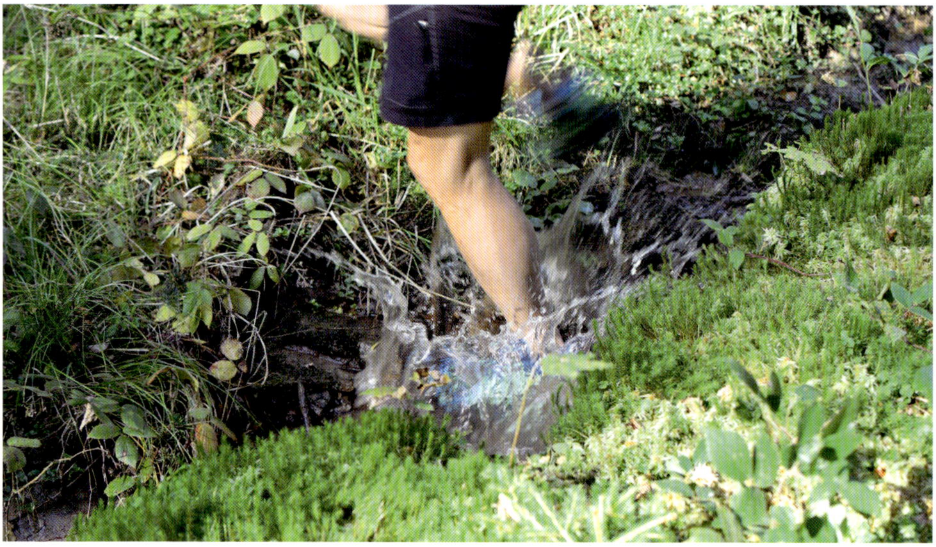

Manches mit Vorsicht genießen

Traillaufen ist toll! Die positiven Auswirkungen auf Körper, Geist und Seele, die wir selbst mehrmals die Woche erleben, haben wir hoffentlich eindringlich vermitteln können. Ehrlicherweise wollen wir hier aber auch auf eventuelle Risiken und Besonderheiten aufmerksam machen.

Die akute Gefahr, einmal zu stürzen, umzuknicken oder zu stolpern, ist nicht ganz zu vermeiden. Wer jedoch mit guter Ausrüstung und mit Sinn und Verstand unterwegs ist, kann das Risiko minimieren. Zur Sicherheit sollte aber immer ein Handy mitgenommen werden, um im Fall der Fälle Hilfe holen zu können. Bei längeren Läufen sollten ein kleines Erste-Hilfe-Set und eine Rettungsdecke platzsparend mitgenommen werden.

Bei größeren Touren, vor allem im alpinen Gebiet, sollte man mindestens zu zweit unterwegs sein oder jemanden informieren, wie lange und wo man plant, unterwegs zu sein. Wetterumschwünge können, gerade in den Bergen, schnell und heftig kommen. Im Wald ist es sinnvoll, sich an Rettungspunkten und Wetterhütten zu orientieren.

Wer abenteuerlustig ist und immer wieder (auch spontan) neue Routen sucht, sollte immer mit einrechnen, wie lange er ungefähr braucht, um wieder zurückzukommen – um nicht in die Dunkelheit zu geraten – besonders in der düsteren Jahreszeit. Besonders wichtig ist hier auch eine sinnvolle Ausrüstung, bei der beispielsweise eine Stirnlampe mitgenommen wird.

Wildtiere müssen eher vor uns geschützt werden als umgekehrt. Selbst große Rotten von Wildschweinen laufen davon, wenn sie uns hören. An unübersichtlichen Stellen kann man sich durch Sprechen oder in die Hände klatschen bemerkbar machen. Oftmals hört und riecht man Wildschweine schon, bevor man sie sieht, und solange man keine Bedrohung für sie darstellt, laufen sie weg – selbst mit ihren Frischlingen. Des Weiteren sind es dämmerungsaktive Tiere, die nur morgens früh und abends umherlaufen.

Die größte Gefahr geht von den ganz kleinen Tieren aus: den Zecken. Bei unseren milden Wintern sind sie fast das ganze Jahr aktiv und ab dem Frühjahr besonders verbreitet. Helle Kleidung macht die Suche nach ihnen leichter und ein Sicherheitscheck nach dem Laufen, z. B. beim Duschen, ist sinnvoll. Wer in FSME-gefährdeten Gebieten lebt und/oder läuft, sollte unbedingt über eine Impfung nachdenken. Ich würde sie auf jeden Fall empfehlen, da die Erkrankung zwar recht selten vorkommt, wenn es einen aber erwischt, gerade als erwachsenen Menschen, kann es zu Komplikationen bzw. zu bleibenden Schäden kommen.

Weitaus häufiger übertragen Zecken aber Borreliose, gegen die leider nicht geimpft werden kann. Deshalb sollten wir eine Zecke, falls sich uns eine angeschlossen hat, zügig entfernen und in den kommenden Wochen die Bissstelle genau beobachten. Falls eine ungewöhnliche Rötung sichtbar wird, sollten wir einen Blutcheck machen lassen, in dem Borrelien nachgewiesen werden können. Wenn das der Fall ist, ist die Sache recht einfach mit Antibiotika zu beheben. Eine andere Möglichkeit ist es, die entfernte Zecke auf ein Stück Tesafilm (wenn man den auch noch dabei hat) zu kleben. Dann reicht es, die Zecke ins Labor einzuschicken.

Richtiges Verhalten bei Problemen

Was tun, wenn doch was passiert?

Bei den meisten Wehwehchen ist die beste Behandlung gleichzeitig eine gute Vorsorge. Insbesondere bei kleineren Unannehmlichkeiten, die sich bei langen oder gar mehrtägigen Touren zur regelrechten Qual entwickeln können und einen zum Abbruch zwingen, ist eine gute Vorbereitung die halbe Miete.

Blasen, Druck- und Scheuerstellen, Fußnägelprobleme

Diese drei Quälgeister können zwar auch immer einmal unverhofft auftreten, die Gefahr, sich damit rumplagen zu müssen, kann jedoch minimiert werden, indem man neues Material, angefangen von den Schuhen über die Laufbekleidung zum übrigen Equipment, ausgiebig testet und sich nach und nach an zusätzliches Gewicht, beispielsweise durch den Rucksack, gewöhnt.

Druck- und Scheuerstellen

Ein harmloses Pflegeetikett kann bei einer längeren Tour schnell eine beachtliche Scheuerstelle verursachen; ein Rucksack, der nicht hundertprozentig am Rücken sitzt, kann ebenso fiese Druck- und Scheuerstellen erzeugen, die einem dann tagelang die heiße Dusche vermiesen. Wie bei allen anderen guten Schuhen ist es auch und besonders bei Laufschuhen ratsam, diese ausgiebig ein- und „weich"zulaufen. Ein bewährter Tipp ist, kritische Stellen an den Füßen schon vorab mit Hirschtalg zu behandeln oder eventuell mit Tape abzukleben.

Eine Scheuerstelle, sei sie noch so klein, ist am besten sofort mit Wundsalbe zu behandeln. Schnelles Reagieren, selbst bei vermeintlich kleinen Stellen, ist hier empfehlenswert – insbesondere, wenn man in den kommenden Tagen auch noch Touren oder längere Läufe geplant hat. Bei weiterer Belastung kann eine kleine Malaise schnell zur dauerhaften Qual werden.

Blasen

Am anfälligsten sind beim Trailrunning natürlich unsere Füße. Wie schon im Ausrüstungskapitel besprochen, sollte niemals das neue Paar Laufschuhe, auch nicht das schon bewährte Modell, sofort auf einer langen Tour getragen werden. Selbst die Socken sollten schon mehrmals gewaschen sein – ganz empfindliche Füße vertragen sogar schon einen Tag eingelaufene Socken viel besser als ganz frisch gewaschene.

Blasenpflaster sollten zur Grundausstattung gehören und beim kleinsten Anzeichen auch verwendet werden. Wenn mehrere Tage hintereinander viel gelaufen wird, freuen sich auch normale, gesunde Füße, wenn man sie freundlich mit Hirschtalg behandelt. Wenn's doch mal eine Blase gibt, sollte man diese auf keinen Fall aufstechen! Ein Blasenpflaster heilt und trocknet die Blase aus.

Auch der kleinste Stein im Schuh kann zu großen Problemen führen: Gamaschen bieten einen guten Schutz. Ansonsten sollten Steine sofort aus dem Schuh entfernt werden – die paar Minuten, die das Entfernen allerhöchstens kostet, sind es allemal wert. Denn wer länger damit läuft, riskiert außer Wunden und Blasen auch noch ernsthaftere Verletzungen, die durch die Ausweichbewegungen entstehen, die man dann unbewusst macht, um den jeweiligen Fuß zu entlasten.

Fußnägelprobleme

Wem seine Fußnägel lieb sind, hält sie möglichst kurz und trägt ausreichend große Schuhe! Sollte ein Zehennagel (vor allem die großen sind gefährdet) doch einmal blau werden und schmerzen, muss der Arzt den Nagel aufstechen (was nicht wehtut) um den Druck rauszunehmen. Dann ist der Nagel zwar nicht mehr zu retten, man kann dafür aber wieder schmerzfrei laufen und sich ca. 10 Monate später an einem neuen Nagel erfreuen.

Krampf, Sonnenstich und Hungerast

Auch hier sind vernünftiges Verhalten und Vorsorge natürlich am besten. Manche Menschen neigen eher zu Krämpfen als andere. Krämpfe können durch Überbelastung entstehen: Im Training wurde zu schnell gesteigert, sodass der Körper noch nicht mitkam. Sie können aber auch Hinweis auf einen gestörten Mineralhaushalt sein, was beispielsweise durch starkes Schwitzen ausgelöst werden kann. Gerade bei großer Hitze sollte man keine „Gewalttouren" unternehmen, besonders, wenn man sich an das längere Laufen bei hohen Temperaturen noch nicht herangetastet hat.

Krampf

Um Krämpfe zu vermeiden, muss die Ernährung grundsätzlich stimmen, genauso wie der Trainingszustand und der Flüssigkeitshaushalt. Dies sind Dinge, die wir per Kopf ganz gut kontrollieren können, z. B. indem wir auf ausreichend Salz und Flüssigkeit achten. Als Prophylaxe ist es ist es jedoch sinnvoll, sich langsam an höhere Belastungen zu gewöhnen. Wenn wir uns dabei Zeit lassen, spüren wir ganz gut, was unserem Körper gut tut und was nicht.

Wer dazu neigt, stark zu schwitzen, oder bei großer Hitze unterwegs ist, sollte für den Notfall Salztabletten dabei haben und das Getränk mit Natrium anreichern. Das Essen vorher darf auch stärker gesalzen sein. Wenn ein Krampf aber einmal da ist, sollte man sofort stretchen, vorsichtig langsam weiterlaufen, Salz zu sich nehmen und natürlich trinken!

Sonnenstich

Belastung bei großer Hitze kann aber noch ein anderes ernst zu nehmendes Problem verursachen: den Sonnenstich! Dieser äußert sich mit rotem Kopf, Schwindel, häufig Nacken- und Kopfschmerzen und zwingt einem zum Abbruch.

Damit es gar nicht so weit kommt, sollte auf ausreichende Flüssigkeitszufuhr und auf eine atmungsaktive Kopfbedeckung geachtet werden. Besonders in den Bergen, in großen Höhen, muss mitbedacht werden, dass die Sonneneinstrahlung stärker wirkt. Das gilt natürlich auch für den Hautschutz. Jeder Schattenflecken sollte genutzt werden, jeder Brunnen oder jede Quelle, um den Kopf zu kühlen – entweder indem gleich der ganze Kopf ins Wasser gesteckt wird und/oder die Kappe nass gemacht wird. Wem das gar zu kalt und nass ist: Selbst das Kühlen von Gesicht, Nacken und Handgelenken ist wirksam und wohltuend.

Wenn es einen aber erwischt hat, sollte man auf jeden Fall aus der Sonne raus, sich runterkühlen, viel trinken und Salz zu sich nehmen. Die Gefahr, einen Hitzschlag zu erleiden, ist gegeben: Dies ist ein medizinischer Notfall – ein Arzt ist hierbei auf jeden Fall zu Rat zu ziehen.

Hungerast

Der Hungerast kann einen Ausdauersportler schlagartig treffen. Die Kohlehydratreserven sind restlos aufgebraucht. Da alle Glykogenspeicher der Muskeln entleert sind, nimmt sich der Körper Glukose aus dem Blut, was dann zu einer Unterzuckerung führt. Kraftlosigkeit, Schweißausbrüche, Übelkeit, Schwindel, Zittern, das Schwarz-vor-Augen-Werden und Unkonzentriertheit sind eindeutige Symptome für einen Hungerast. Der Zustand kann für das Gehirn und das Nervensystem gefährlich werden. Durch sinnvolle Ernährung, die die lange Ausdauerbelastung berücksichtigt und vernünftiges Essen vor und auch während einem langen Lauf kann ein Hungerast jedoch erfolgreich vermieden werden (dies wird im Ernährungskapitel ausführlich besprochen).

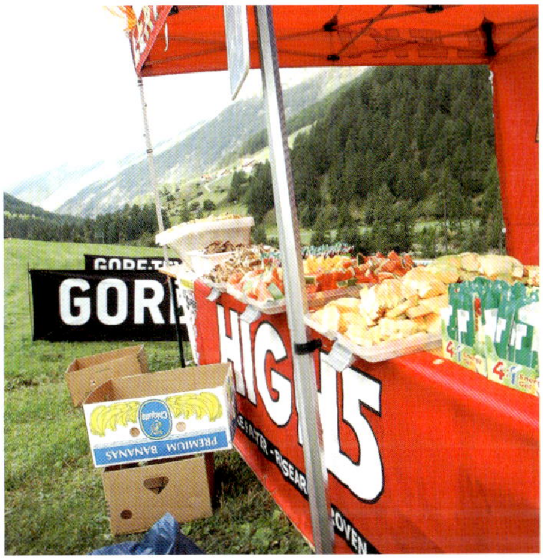

Zwischendurch immer wieder die Depots auffüllen.

Aber: In einem Wettkampf oder in einer anderen ungewohnten Belastung kann es trotz guter Vorbereitung dazu kommen. Dann sollte man sofort etwas Zuckerhaltiges essen und trinken, eine kleine Pause einlegen und im ruhigen Tempo weiterlaufen. Die Energiedepots, die im Notfall mit Cola und Süßigkeiten gut und schnell auffüllbar sind, sollten dann aber schnell wieder „vernünftig" ergänzt werden, dass nicht ein paar Kilometer weiter der nächste Einbruch kommt. Nüsse und Trockenobst bieten sich hierbei, genauso wie ein Energieriegel, an.

Sturz, Umknicken und sonstige Verletzungen

Generell sollte man ein Handy dabei haben, wenn man im Gelände unterwegs ist. Ein Erste-Hilfe-Set und eine Rettungsdecke sollten bei längeren Touren keinesfalls fehlen. Auch bei kürzeren Touren auf einsameren Wegen, besonders bei kühlerer Witterung, kann es überlebenswichtig sein, diese Utensilien dabei zu haben. Gerade bei anspruchsvollem Untergrund kommt es schon des Öfteren vor, dass man mal umknickt, mit guter Vorbereitung und gut trainierten Muskeln und Bändern sollte das in den meisten Fällen keinen Schaden anrichten.

Nach unserer Erfahrung ist hier der erste Schmerz und Schock größer als der tatsächliche Schaden. Ruhiges, kontrolliertes Weiterlaufen direkt danach verhindert, dass der Fuß anschwillt und meist geht es nach ein paar Metern wieder problemlos weiter – aber auch nur, wenn es tatsächlich nicht zu einer Band- oder Knochenverletzung gekommen ist. Wenn ein stechender Schmerz bleibt, muss das spätestens bei der Rückkehr untersucht werden. Um noch an das nächste Ziel zu kommen, macht es Sinn, den Fuß zu kühlen, beispielsweise in einem Bach oder mit einem mitgeführten Eisspray, und ihn eventuell zu tapen.

Trotz aller Vorbereitung, gutem Leistungsstand und angepasstem Tempo kann es dennoch zu Verletzungen beim Umknicken kommen: Hier gilt es, die Situation möglichst realistisch einzuschätzen. Wenn es kaum mehr möglich ist, weiterzulaufen, gar ein lautes Umknickgeräusch zu hören war, dann muss Hilfe geholt werden. Nach ärztlicher Begutachtung oder auch bis es so weit ist, gilt zu Hause immer die PECH-Regel: Pause, Eis, Kompression und hochlagern!

Typische Läuferüberlastungserscheinungen wie Achillessehnenreizung oder Knieprobleme, um hier nur zwei zu nennen, lassen sich mit einer sorgfältigen Vorbereitung bzw. durch sinnvolles und langsames Beginnen und Sich-ans-Traillaufen-Gewöhnen und regelmäßiger Muskelpflege durch Krafttraining, Regeneration etc. zwar nicht immer ganz verhindern, aber zumindest eindämmen. Eine Behandlung dieser Probleme führt hier an dieser Stelle jedoch zu weit.

Brillen und Kontaktlinsen

Ein paar Tipps für diejenigen, die auf Brille oder Kontaktlinsen angewiesen sind:

Als Brillenträger hat man es beim Outdoorsport immer schwer. Eine Brille beschlägt schnell, bei Regen fehlt der Scheibenwischer und bei Stürzen ist die Verletzungsgefahr noch größer. Wenn die Sonne scheint, benötigt man eine optische Sonnenbrille und die ist dann wieder gleich richtig teuer.

Nach Marikas Erfahrung sind Tageskontaktlinsen eine gute Lösung des Problems: Diese werden nur zum Training und zum Wettkampf getragen.

Harte Kontaktlinsen sind vorteilhafter fürs Auge, beim Traillaufen aber machen sie das Leben schnell schwer, da jedes Staubkorn, jede Blütenpolle sofort zu Schmerzen und massiv tränenden Augen führt. Ans Weiterlaufen ist dann nicht mehr zu denken. Aus diesen Gründen lohnt sich die Umstellung auf weiche Kontaktlinsen, die es in allen Varianten gibt.

Die Kontaktlinsen sollten aber wirklich gründlich, auch beim Laufen, getestet werden, da sie im Alltag vielleicht gut sitzen, man dann aber feststellt, dass man beim genauen Fixieren der Strecke bei nicht optimalen Kontaktlinsen eher den Linsenrand als den Weg sieht. Ein guter Optiker kann hier kompetent beraten. Marika hat im Laufrucksack immer eine Ersatzlinse dabei, nachdem sie bei einer Etappe des Transalpine-Traillaufs die letzten Kilometer händchenhaltend laufen musste, da sie eine Kontaktlinse verloren hatte.

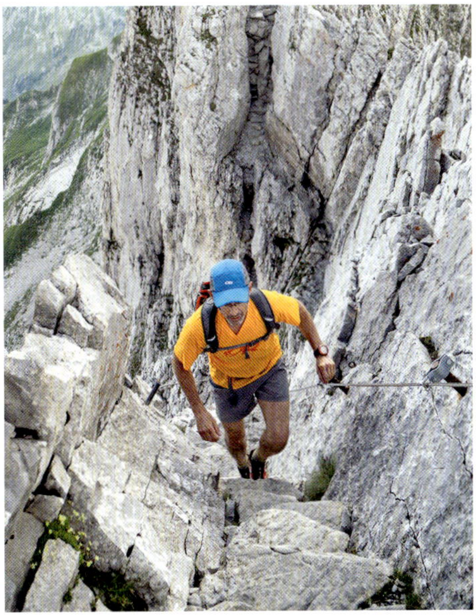

Vor allem in anspruchsvollem Gelände kommt es auf den richtigen Durchblick an.

Ergänzendes Krafttraining

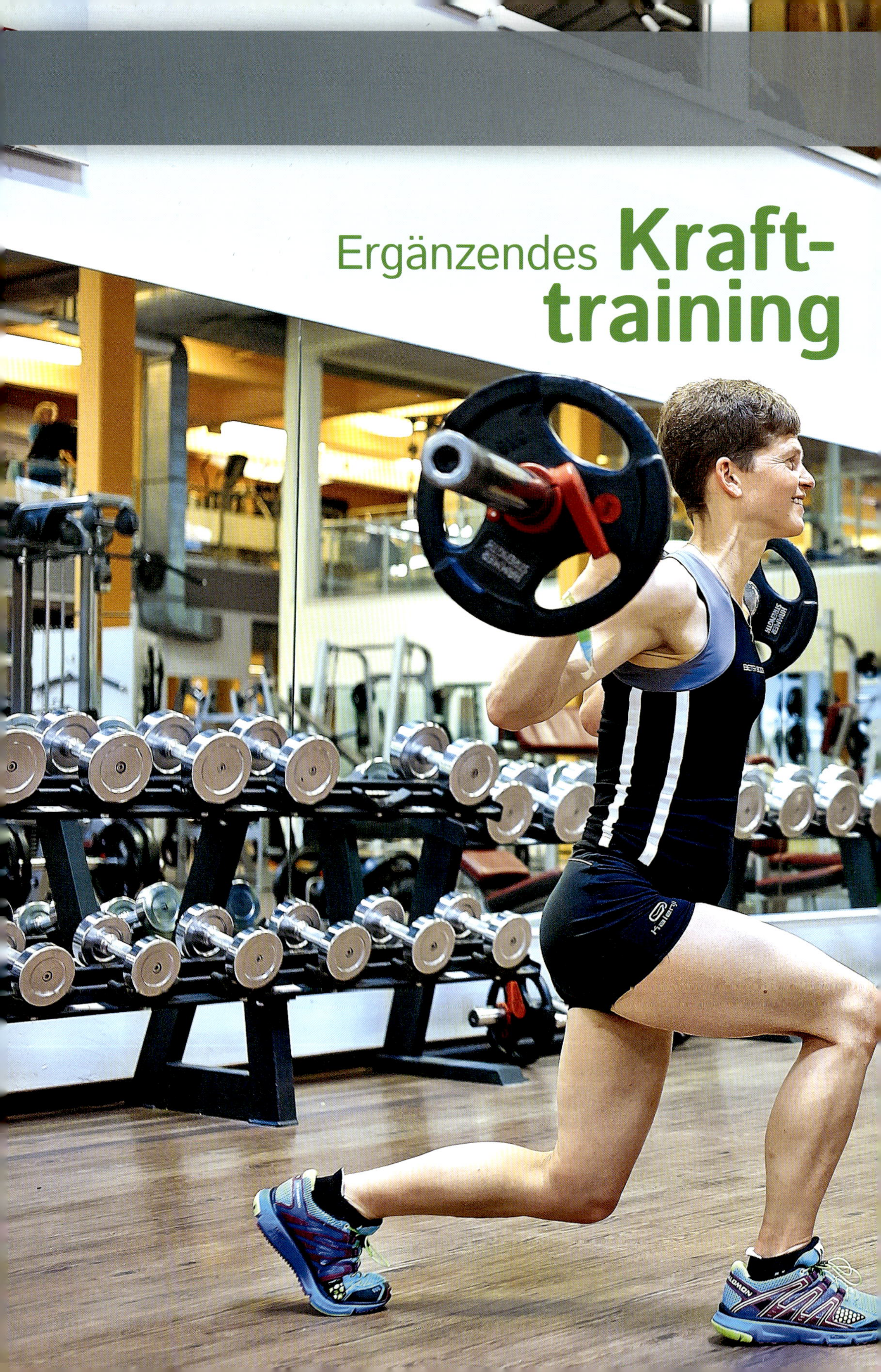

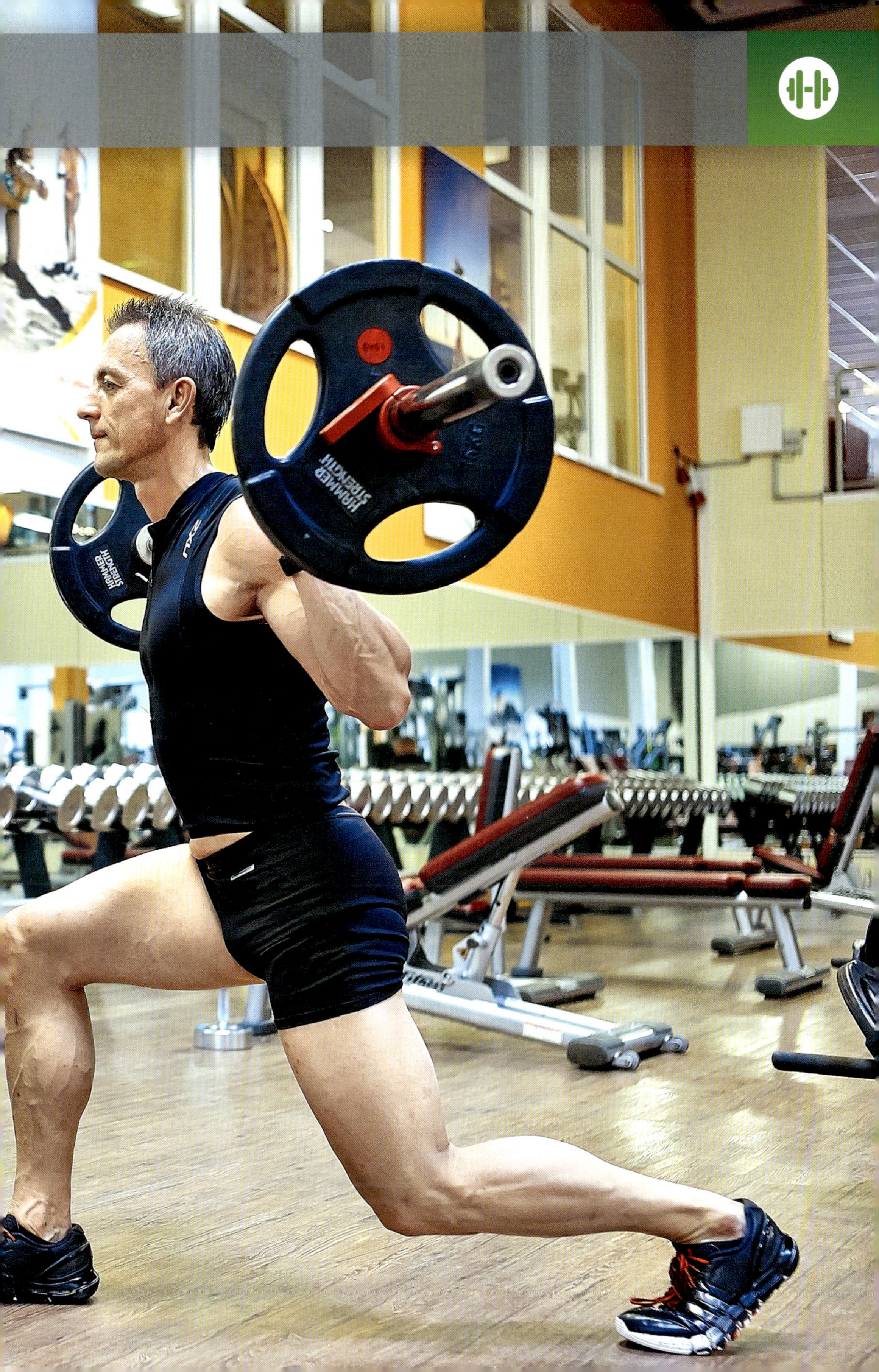
HAMMER STRENGTH
HAMMER STRENGTH

Krafttraining für noch mehr Spaß auf dem Trail

Sicheres Ankommen und schnellere Beine

Traillaufen stellt durch seine hohen koordinativen Reize schon eine Art läuferisches Krafttraining dar. Je steiler und schwieriger das Gelände ist, in dem wir uns bewegen, desto mehr Muskeln werden eingesetzt. Da aber die meisten von uns gezwungenermaßen doch mehr Zeit sitzend als laufend verbringen müssen, macht ein zusätzliches Kraft- und Stabilisationstraining durchaus Sinn. Auch regenerative Einheiten, im Sinne einer Muskel- und Gelenkpflege, sind wichtig.

Verletzungsprophylaxe

Durch Krafttraining können wir Stürze besser abfangen, lernen schneller und geschickter zu reagieren. Nicht nur die Muskulatur wird durch Krafttraining gestärkt, sondern auch Knochen und Gelenke werden stabiler und die Koordination wird verbessert.

Ausgleich muskulärer Dysbalancen

Das Ungleichgewicht von beispielsweise der schwächeren Beinrückseite im Gegensatz zur deutlich kräftigeren Vorderseite, das durch unseren bewegungsarmen Alltag noch verschärft wird, wird durch gezieltes Training ausgeglichen.

Durch regelmäßiges zusätzliches Krafttraining steigern wir unsere Kraft, können länger trainieren und unsere Ausdauer noch mehr steigern. Bei sehr langen Läufen oder Etappenläufen ist meist nicht das Herzkreislaufsystem entscheidend, sondern die Muskulatur – selbst die, die nicht unmittelbar eingesetzt wird. Mit einer ausgewogen trainierten Gesamtmuskulatur kann länger ermüdungsfrei gelaufen werden, was sich positiv auf die Lauftechnik und die Laufökonomie auswirkt. Überlastungsschäden können vermieden werden, da die Muskulatur, die Bänder und Sehnen optimal zusammenarbeiten können.

Profi-Tipp

Trailläufer profitieren vom gezielten, regelmäßigen Krafttraining – mind. 1x pro Woche.

Möglichkeiten des Krafttrainings

Es gibt nahezu unendlich viele Möglichkeiten des Krafttrainings, sowohl was die Methoden und Inhalte als auch das Equipment angeht:

Das klassische Krafttraining im Fitnessstudio an Geräten oder Freihanteln ist wetterunabhängig und sehr vielseitig. Es bietet die Möglichkeit, auch einmal isoliert eine bestimmte Muskulatur gezielt aufzubauen, z. B. die Beinrückseite. Gerade bei und nach Verletzungen ist hier eigentlich immer eine Art von Training möglich und auch sinnvoll.

Krafttraining ist aber auch draußen möglich und kann sogar mit einem Traillauf verbunden werden. Es gibt gerade im funktionellen Bereich einige Tools, die man leicht in den Laufrucksack packen kann (beispielsweise den aero-Sling®) und die das volle Spektrum des Trainings liefern.

Auch Training im Wasser ist möglich, nach einer trainingsintensiven Phase kann man so einmal anders trainieren. Aquajogging ist bei einer Verletzung, die Laufen nicht erlaubt, das perfekte Training, um seine spezifische Laufmuskulatur zu behalten und konditionell fit zu bleiben.

Krafttraining lebt von der Abwechslung

Nach spätestens acht Wochen müssen neue Übungen gemacht werden, um einen optimalen Trainingseffekt zu erzielen – Langeweile ist damit ausgeschlossen. Eine Anweisung im Studio, im Verein oder durch einen Personaltrainer ist sinnvoll, ergänzend dazu gibt es auch reichlich Anregungen im Internet und in zahlreichen Fitnessbüchern.

Ambitionierte Trailläufer werden ihr Krafttraining ebenso planen wie ihr Lauftraining – so kann das eine das andere ergänzen. Die intensiveren Trainingseinheiten zum Muskelaufbau wären so in den Wintermonaten sinnvoll, wenn das Lauftraining etwas reduzierter ist.

Während der Laufsaison sollte man sich dann eher auf ein sogenanntes Erhaltungstraining und Kraftausdauer konzentrieren, d. h. Training mit hohen

Wiederholungszahlen bei reduziertem Gewicht.

Auch ein Ultraläufer hat einmal klein angefangen – mit einer kleinen Runde. Nicht nur das Laufen, auch das Krafttraining muss langsam gesteigert werden. Im Vordergrund steht zunächst einmal die sichere Technik in der Ausführung. Deshalb ist eine Anweisung, am besten von einem erfahrenen Trainer, sinnvoll. Nach und nach kann die Wiederholungszahl gesteigert werden, dann in der nächsten Stufe werden die Gewichte erhöht bzw. die Übungen komplexer.

Wichtig, das sei hier nochmals betont, ist die langsame Steigerung. Die Muskulatur passt sich relativ schnell an höhere Belastungen an, Sehnen und Bänder brauchen jedoch länger. Auch hier müssen wir auf unseren Körper hören, denn nichts ist ärgerlicher, als sich beim Krafttraining zu verletzen, während man ja gerade eigentlich Verletzungsprophylaxe betreibt.

Parallel zum Kraft- und Lauftraining tut neben passiven Regenerationsmaßnahmen wie Sauna und Massage etc. auch die aktive Regeneration gut: Fahrradfahren, Schwimmen und Yoga entlasten die Laufmuskulatur und fördern nach anstrengenden Einheiten die Entspannung.

Stretchen hat genauso viele Befürworter wie Gegner, jeder muss selbst entscheiden, wie ihm was guttut. Auch das Stretchen ist nicht nur physisch, sondern auch mental wohltuend.

Die Blackroll® oder ähnliche Tools anderer Anbieter bieten sich zur Selbstbehandlung an. Sie ist einfach zu handhaben, günstig und löst über die Massage der Faszien (Bindegewebe) Verspannungen. Ein regelmäßiges Faszientraining sollte ohnehin Bestandteil des Krafttrainings sein.

Maßgeblich ist hier, wie auch beim Lauf- und Krafttraining, so auch bei der Ernährung, hundertprozentig bei der Sache zu sein und auf unseren Körper zu hören: Er ist unser zuverlässigster Partner und sendet die richtigen Signale rechtzeitig aus. Unsere Wahrnehmung wird nach und nach auch in anderen „Körpersachen“ geschult und sensibilisiert, denn Intelligenz umfasst nicht nur unseren Geist, sondern auch unseren Körper.

Ein gutes Körpergefühl im Alltag und auf dem Trail ist die Belohnung für die intensive Arbeit.

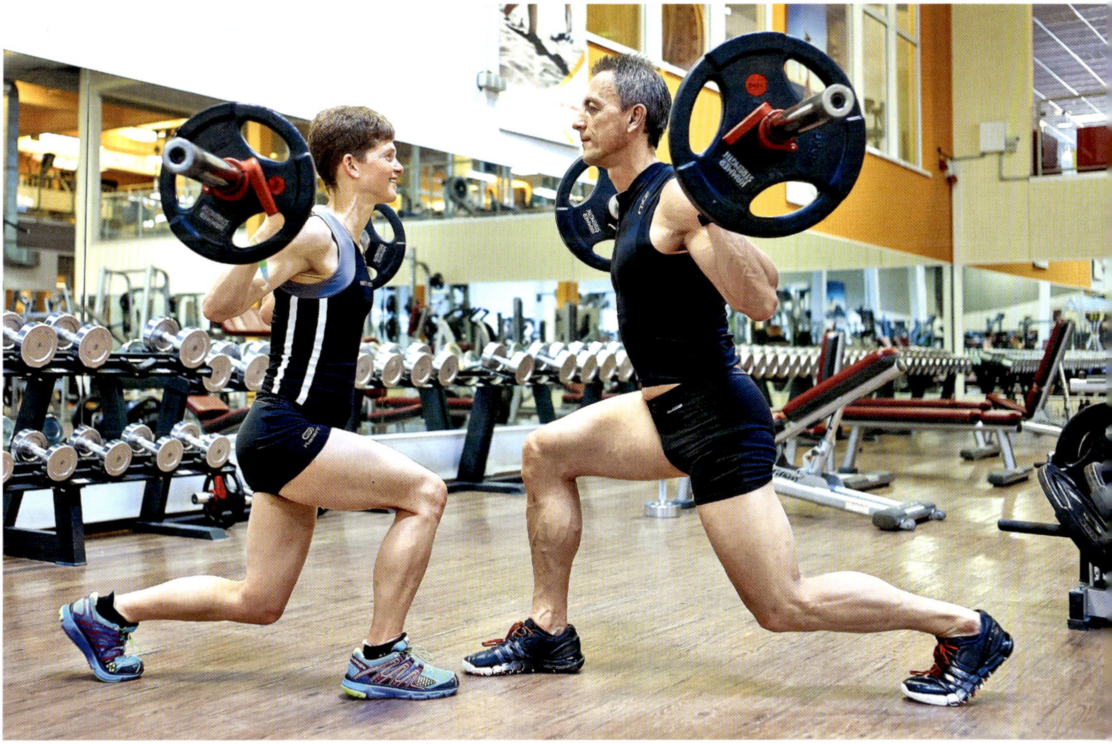

Große Hanteln für schnelle Beine – Marika und Oliver beim Indoortraining

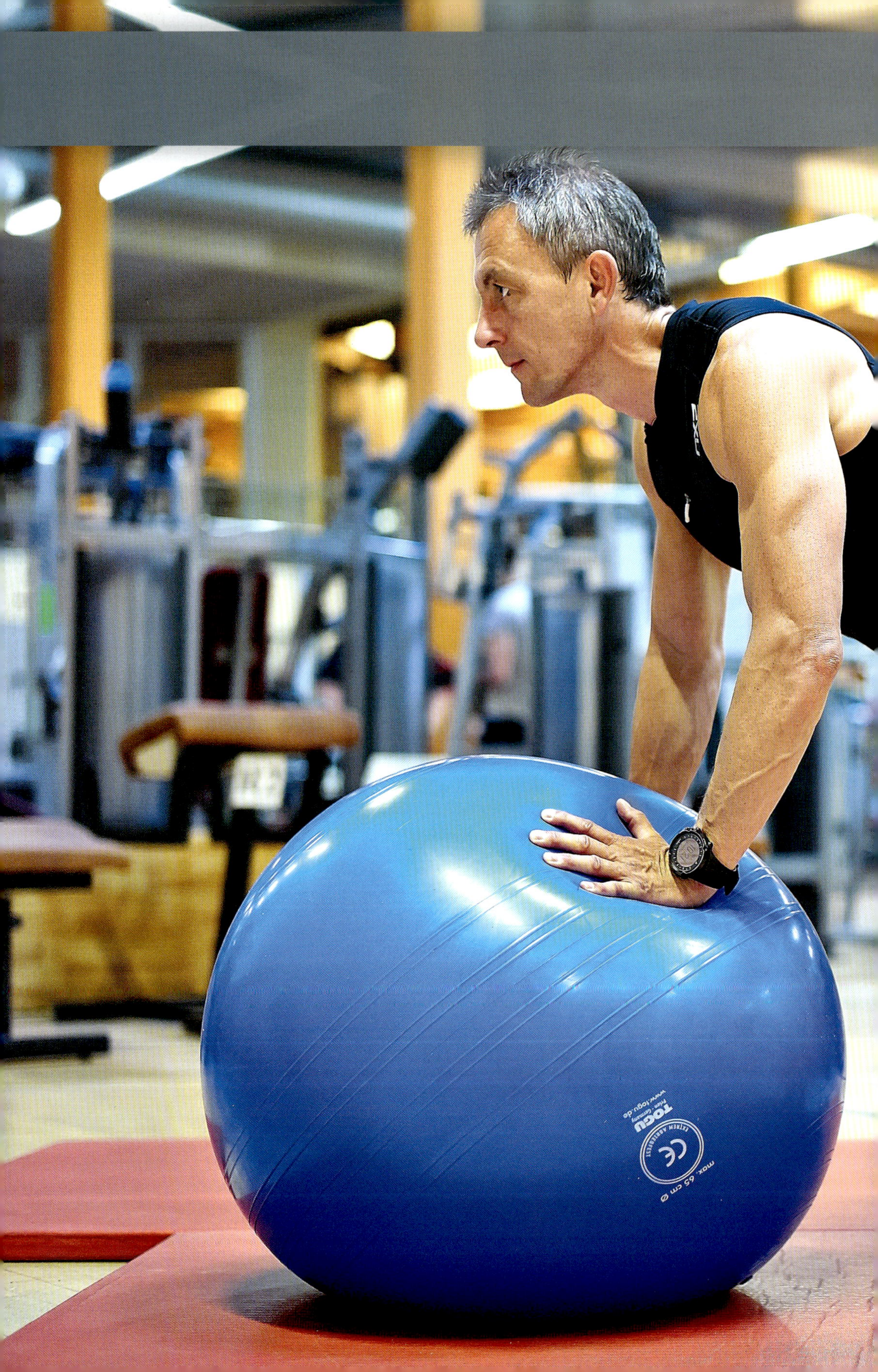
TOGU
www.togu.de
CE
max. 65 cm Ø

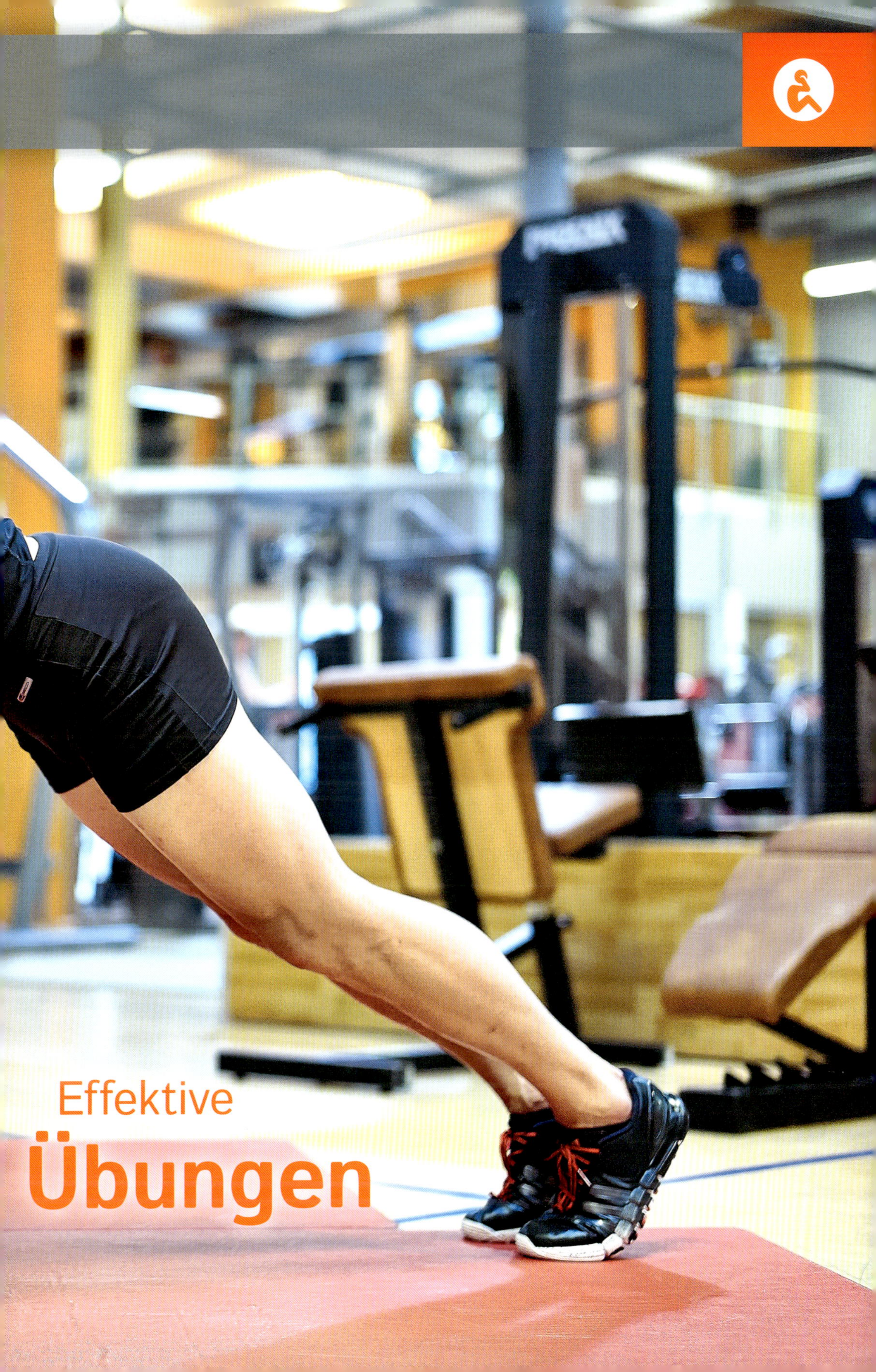

Effektive Übungen

Hyperextension

Beanspruchte Muskulatur:
Nahezu die gesamte Rückenmuskulatur, vor allem der Bereich der unteren Lendenwirbelsäule.

Ausgangsposition:
Hüftbreiter, paralleler Stand mit leicht gebeugten Knien. Das Becken wird nach vorn gekippt, der Po wird angespannt (Entenpo-Position). Der Oberkörper wird mit leichtem Rundrücken nach vorn gebeugt, die Arme vor der Brust gehalten oder gekreuzt.

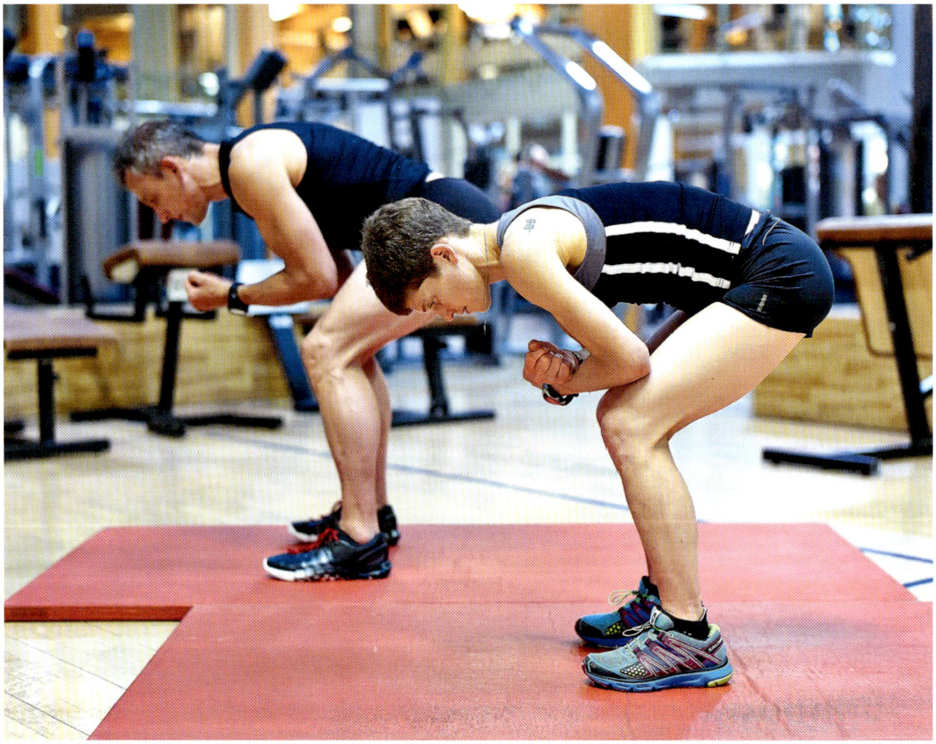

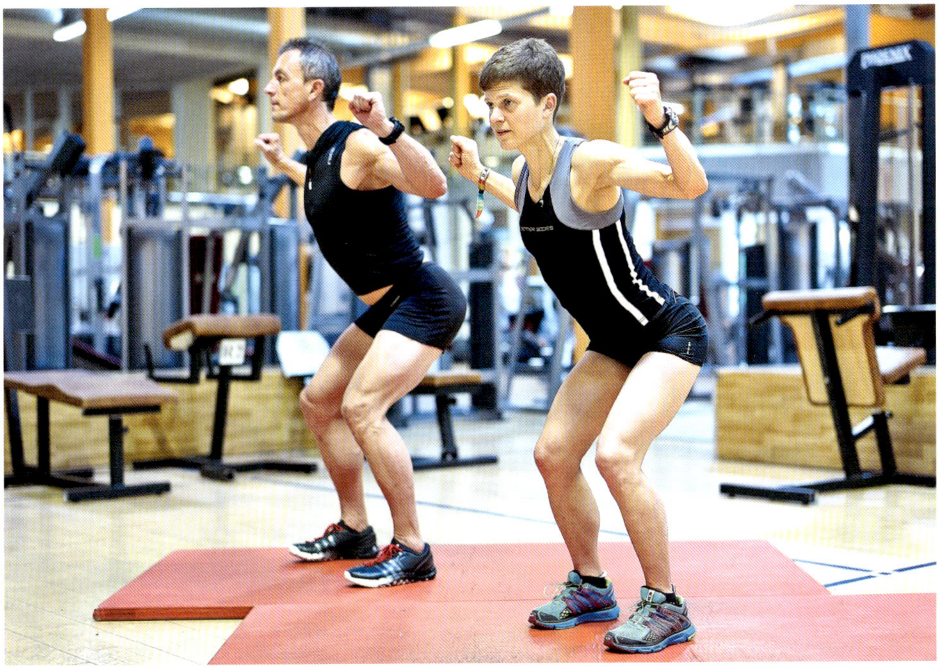

Ausführung:
Bei stabilem Becken wird Wirbel für Wirbel aufgerollt, ohne die Knie oder das Becken zu bewegen. Die Arme ziehen seitlich in die U-Halte. Der Oberkörper wird bis ins Hohlkreuz aufgerichtet und dann wieder bei stabiler Beckenposition nach unten abgerollt.

Wichtig!
Der Po bleibt die ganze Zeit über stabil. Die Hauptkonzentration liegt auf der Muskulatur im unteren Rücken.

Brett

Beanspruchte Muskulatur:
Die gesamte Rumpfmuskulatur.

Ausgangsposition und Ausführung:
Die Ellenbogen werden senkrecht unter der Schulter aufgesetzt und die Füße hüftbreit aufgestellt. Der Po ist angespannt und bildet mit der Schulter eine Linie. Der Kopf bleibt in Verlängerung der Wirbelsäule. In dieser Position möglichst lange verharren.

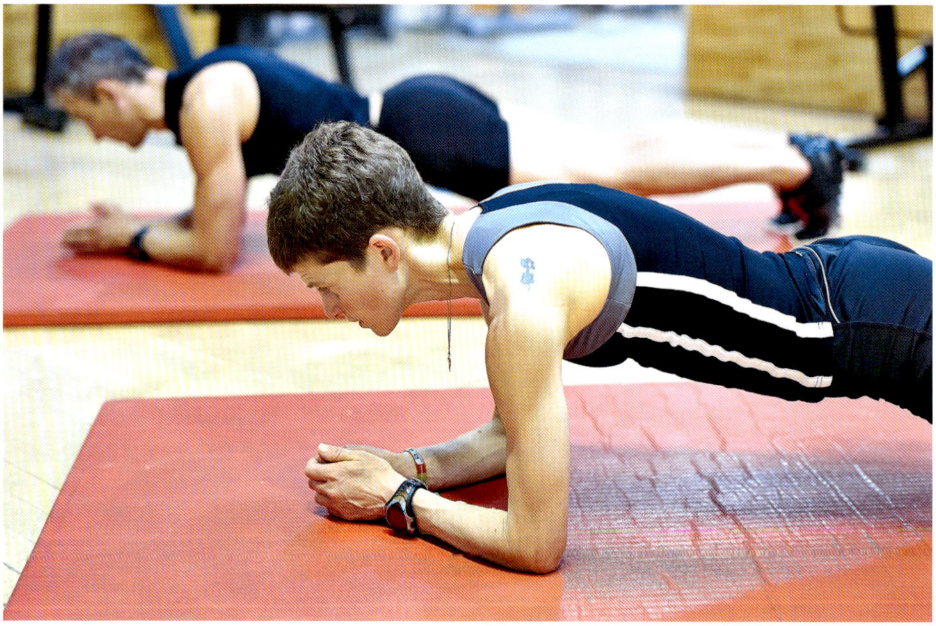

Wichtig!
Der Po darf weder durchhängen noch hochstehen – deshalb heißt die Übung „Brett“, der gesamte Körper bildet eine Linie und ist unter Spannung. Atmen nicht vergessen.

Seitstütz

Beanspruchte Muskulatur:
Die gesamte Rumpfmuskulatur, vor allem die jeweilige Seite, die Beinaußenseiten.

Ausgangsposition:
Seitstütz rechts: Den rechten Ellenbogen in einer Linie unter der Schulter aufsetzen, wobei der Ellenbogen und der Fuß auf einer Linie sind.

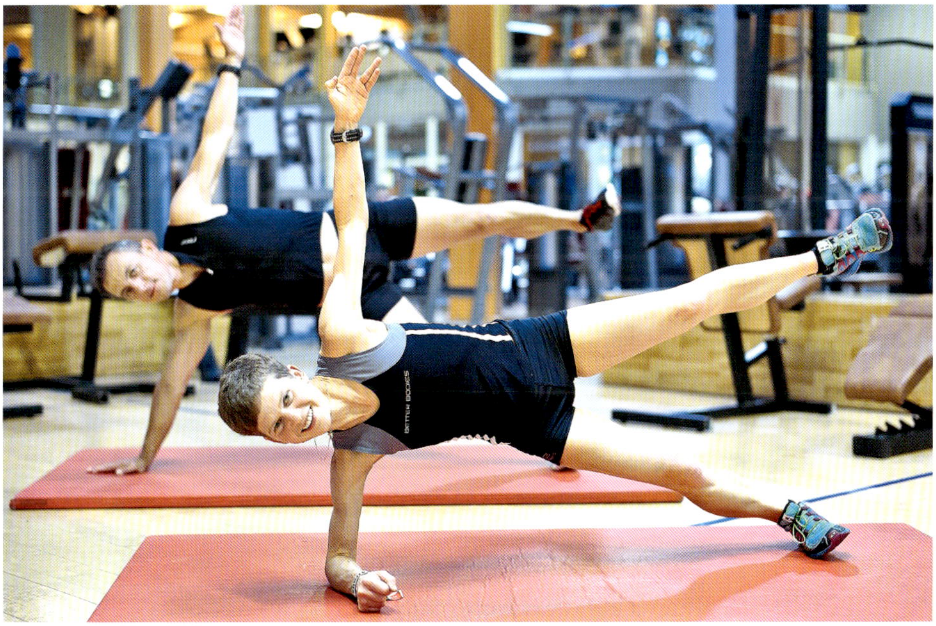

Ausführung:
Jetzt die Hüfte maximal anheben und den linken Arm und das linke Bein nach oben ausstrecken. Die Schulterblätter zusammenziehen und so lange wie möglich stabil halten. Das gleiche auf der anderen Seite wiederholen.

Supercrunch oder gerollte, vollständige Sit-ups

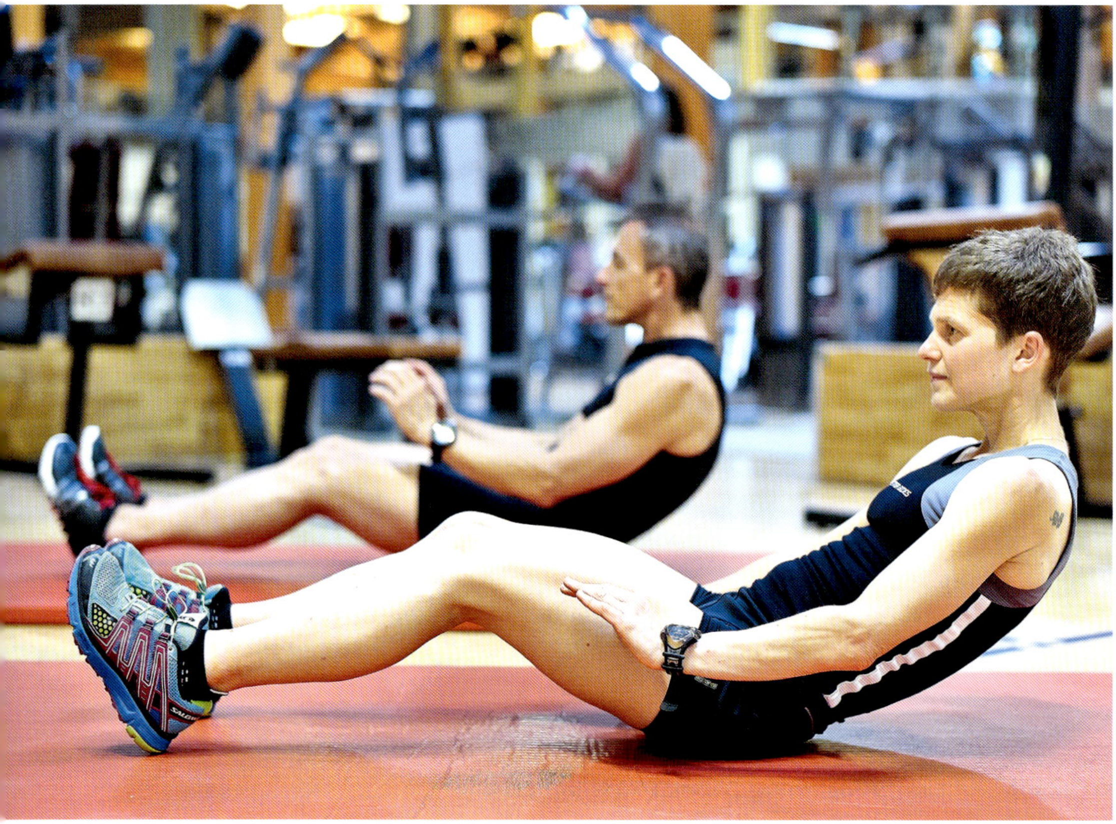

Beanspruchte Muskulatur:
Fast die gesamte Bauchmuskulatur.

Ausgangsposition:
Auf dem Rücken liegend die Fersen aufstellen und sie bei leicht gebeugten Knien in Richtung Po ziehen – die Oberschenkelrückseite ist angespannt. Die Arme liegen seitlich neben dem Körper.

Ausführung:

Wirbel für Wirbel aufrollen, bis wir fast sitzen. Die Lendenwirbelsäule wird nur so weit angehoben, wie wir das Becken stabil halten können. Genauso kontrolliert wieder abrollen.

Wichtig!

Die Bewegung muss ohne Schwung ausgeführt werden, das Becken muss stabil bleiben. Die Arme werden seitlich mitgeführt, als ob man sie eine Wand hochschieben würde. Die Schultern bleiben entspannt, das Kinn wird Richtung Brust gezogen.

Primaballerina

Beanspruchte Muskulatur:
Für Gleichgewicht und Hüftmobilisation.

Ausführung:
Stand auf dem rechten Bein; das linke Bein mindestens kniehoch nach vorn ausstrecken, dann wieder anziehen und mit angewinkeltem Knie nach außen rotieren. Das Becken bewegt sich nicht mit. Die Übung auf der gleichen Seite ohne Absetzen mehrmals wiederholen. Das Gleiche auf der anderen Seite.

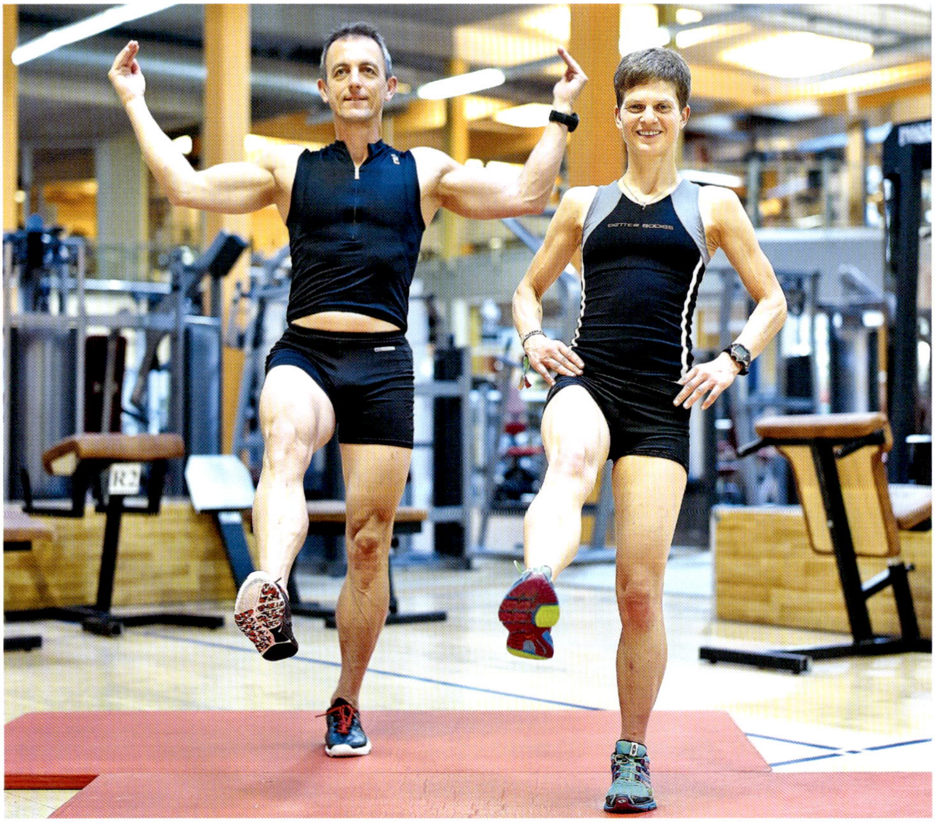

Wichtig!

Der Schwierigkeitsgrad kann erhöht werden, wenn wir die Übungen barfuß machen und/oder auf einer Matte stehend.

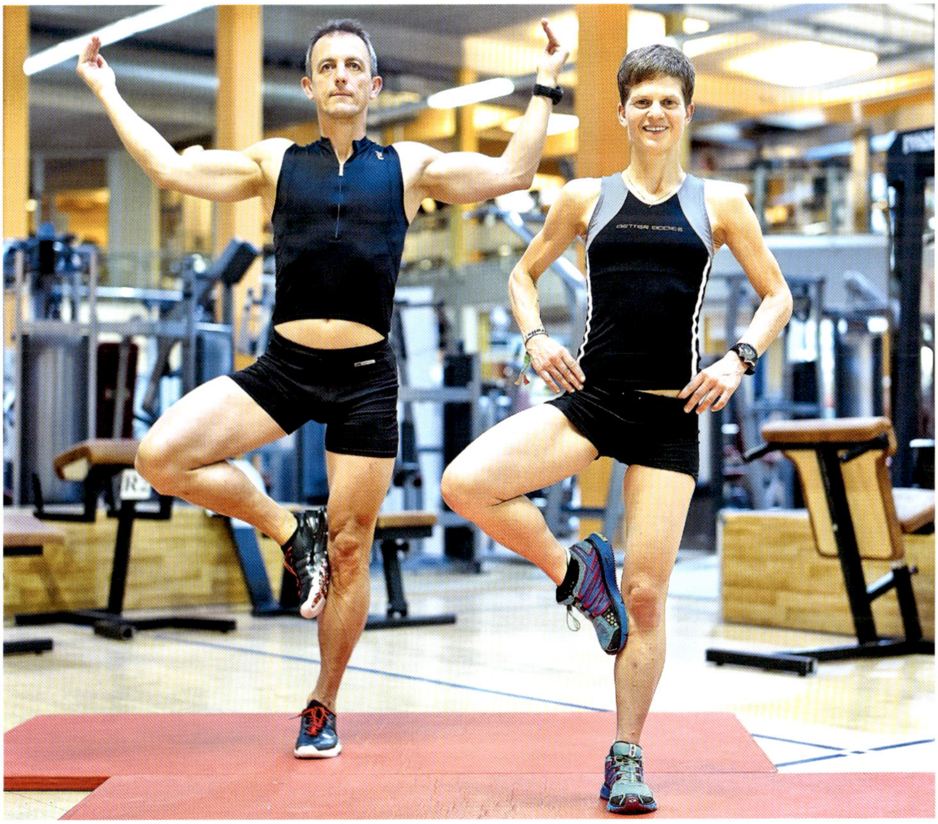

Übungen auf dem Fitnessball

Gymnastik- oder Sitzbälle bieten ein riesiges Repertoire an Kraft-, Koordinations- und Stabilisationsübungen. Sie sind außerdem eine echte Alternative zum Bürostuhl und ermöglichen uns damit ein „bewegtes" und gesundes Sitzen. Entscheidend ist die richtige Größe: Die eigene Körpergröße in cm minus 100–120 cm entspricht der optimalen Ballgröße. Er sollte gut, aber nicht zu prall aufgepumpt sein.

Hier stellen wir nun zwei Klassiker unter den Ballübungen vor:

Liegestützen

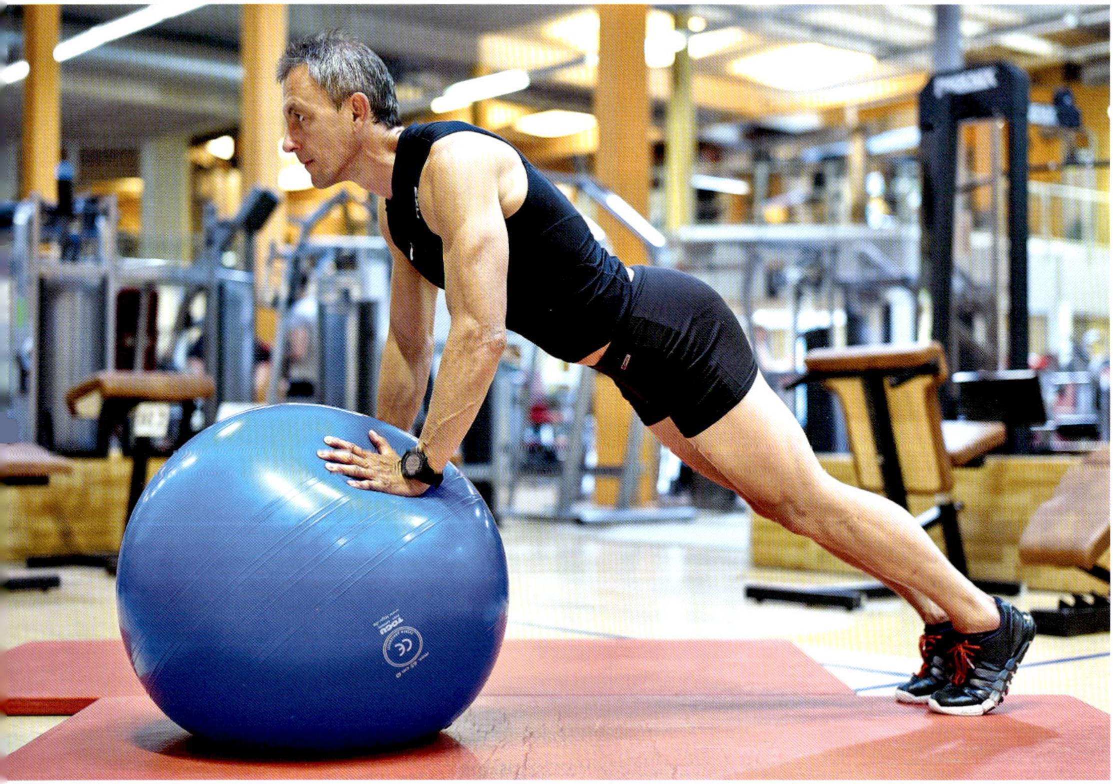

Beanspruchte Muskulatur:
Schulter- und Brustmuskel, Trizeps und die gesamte Rumpfmuskulatur.

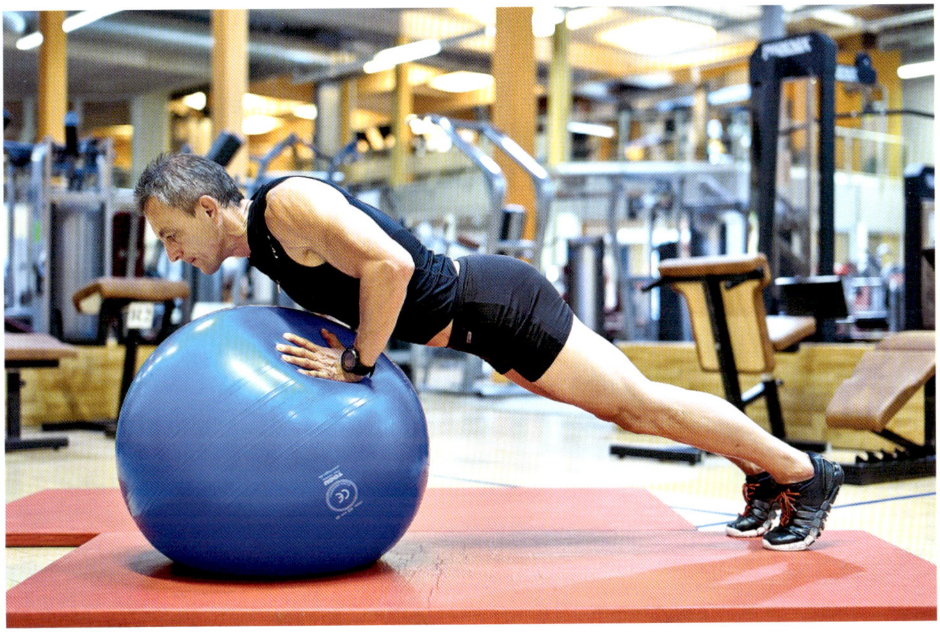

Ausführung:
Die Hände werden unter der Schulter etwa schulterbreit auf dem Ball platziert, dabei darauf achten, dass die Hände, der Ball und der Untergrund trocken sind. Die Ellenbogen beugen und strecken, ohne die Spannung im Rumpf zu verringern.

Wichtig!
Die Schultern müssen senkrecht über oder vor den Handgelenken sein, um zu vermeiden, dass der Ball nach vorn wegrutscht.

Zugbrücke

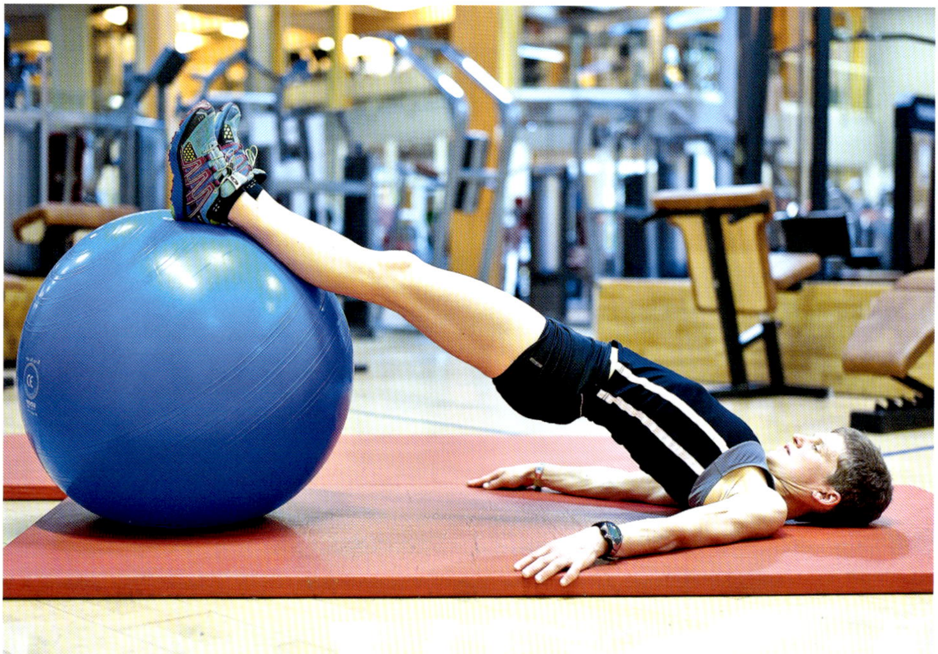

Beanspruchte Muskulatur:
Die gesamte Beinrückseite, die Pomuskulatur und der gesamte Rumpf.

Ausgangsposition:
Wir liegen mit dem Rücken auf dem Boden, die Fersen sind auf dem Ball, die Arme liegen seitlich neben dem Körper. Die Hüfte ist angehoben, sodass der Körper eine Linie bildet.

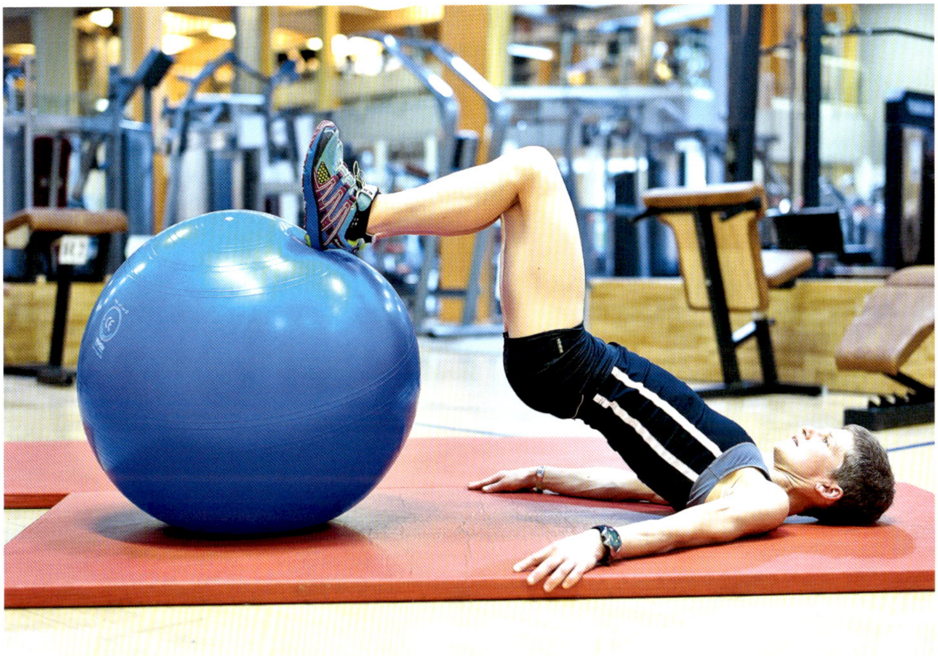

Ausführung:

Der Ball wird nun mit den Fersen in Richtung Po gezogen, ohne dass die Hüfte dabei absinkt.

Erhöhter Schwierigkeitsgrad:

Das Ganze mit nur einem Bein machen und/oder die Arme über dem Kopf platzieren.

Training mit der Langhantel

Das klassische Langhanteltraining ist ein perfektes Zusatztraining für die gesamte Beinmuskulatur – für uns als Trailläufer also besonders wichtig für mehr Kraft am Berg. Der Vorteil im Vergleich zum Training an den Geräten liegt hier im Einsatz der gesamten Muskulatur: Die komplette Bein- und Pomuskulatur arbeitet, ebenso wie die Muskulatur des unteren Rückens. Gleichzeitig wird Koordination gefordert – ebenfalls ein Vorteil im Vergleich zu einem isolierten Gerätetraining. Ganz besonders wichtig ist hier die Konzentration auf eine saubere Technik, um auch mit höheren Gewichten verletzungsfrei zu trainieren.

Kniebeuge

Beanspruchte Muskulatur:
Die gesamte Beinmuskulatur sowie Po- und Rumpfmuskulatur.

Ausgangsposition:
Die Langhantel liegt auf der Schultermuskulatur. Die Füße stehen schulterbreit im parallelen Stand, die Zehenspitzen zeigen leicht nach außen. Das Brustbein ist angehoben und der Bauch leicht angespannt.

Ausführung:
Beim Tiefgehen wird der Po nach hinten geschoben und darf so tief gehen, wie unser natürliches Hohlkreuz noch zu halten ist. Die Knie schieben dabei nicht über die Zehenspitzen hinaus und sollten immer in Richtung der Zehen zeigen. Der Oberkörper geht leicht nach vorn, ohne sich jedoch zu „verbeugen“. Das Aufrichten erfolgt bis zur vollständigen Streckung des Beckens.

Wichtig!
Die Bewegung erfolgt aus den Beinen, der Oberkörper darf nicht nach vorn ausweichen.

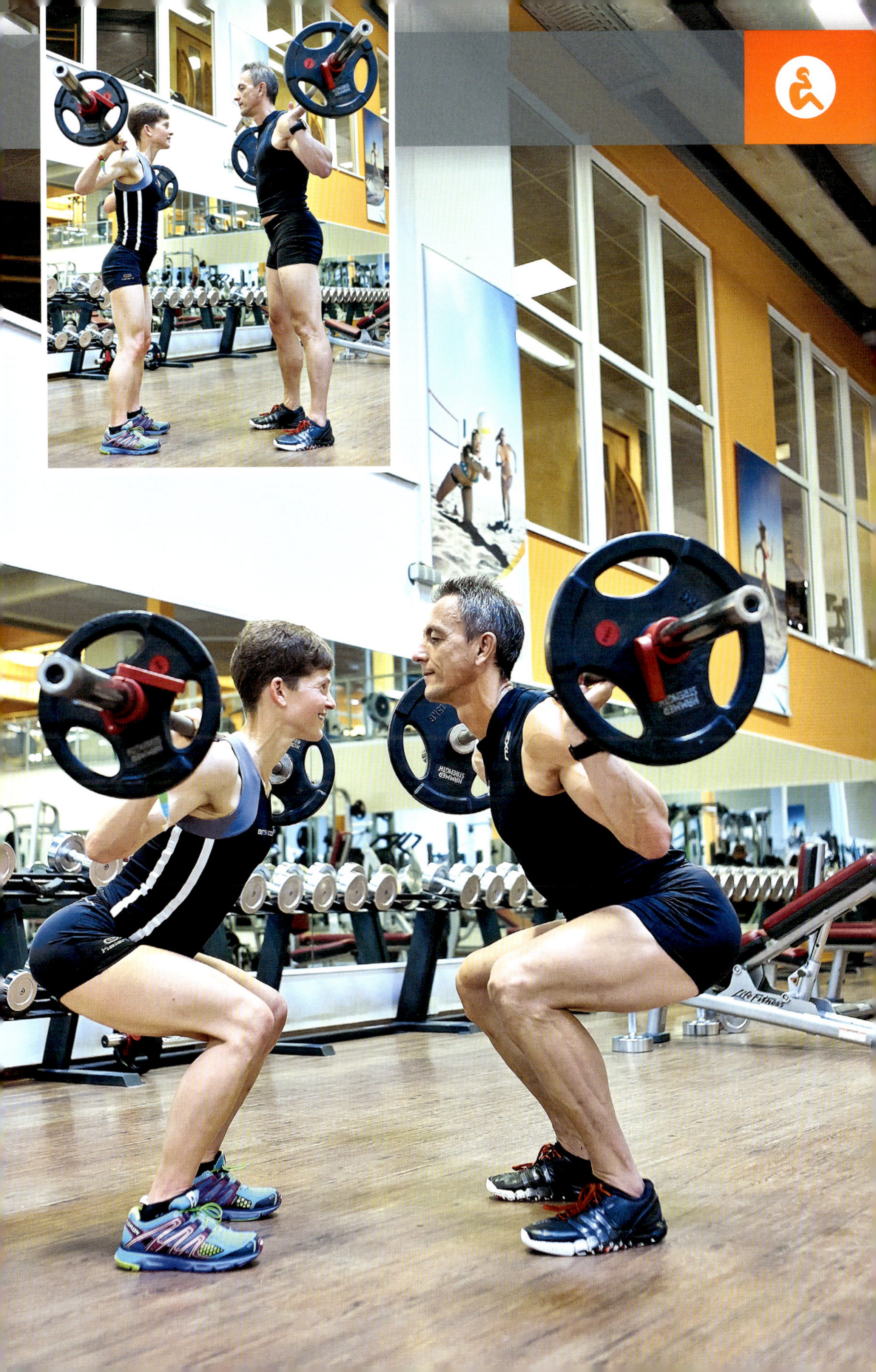

Ausfallschritt

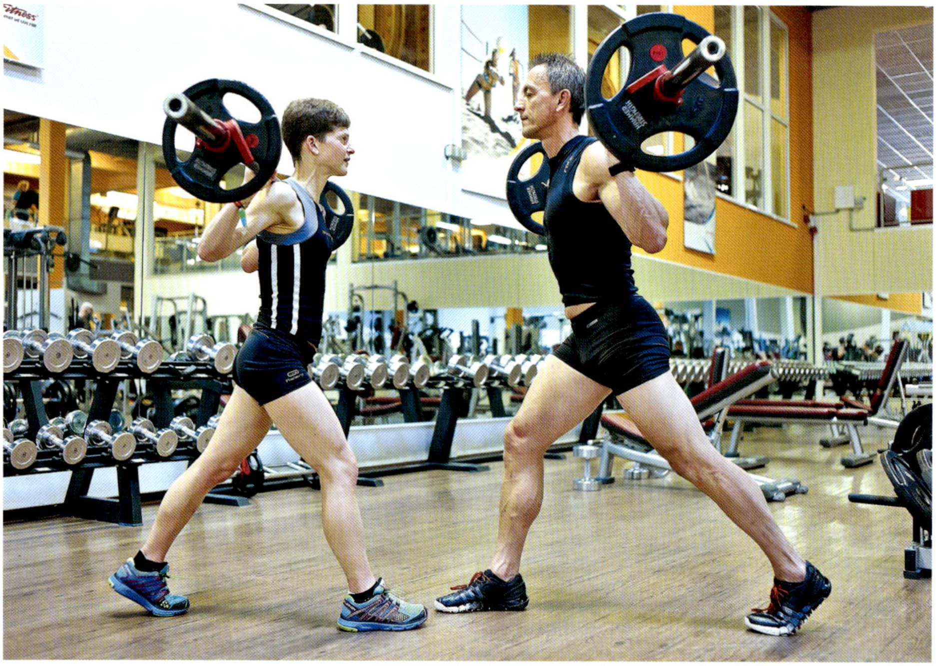

Beanspruchte Muskulatur:
Die gesamte Bein- und Pomuskulatur.

Ausgangsposition:
Große, hüftbreite Schrittposition, die Hantel befindet sich wie bei der Kniebeuge auf den Schultern.

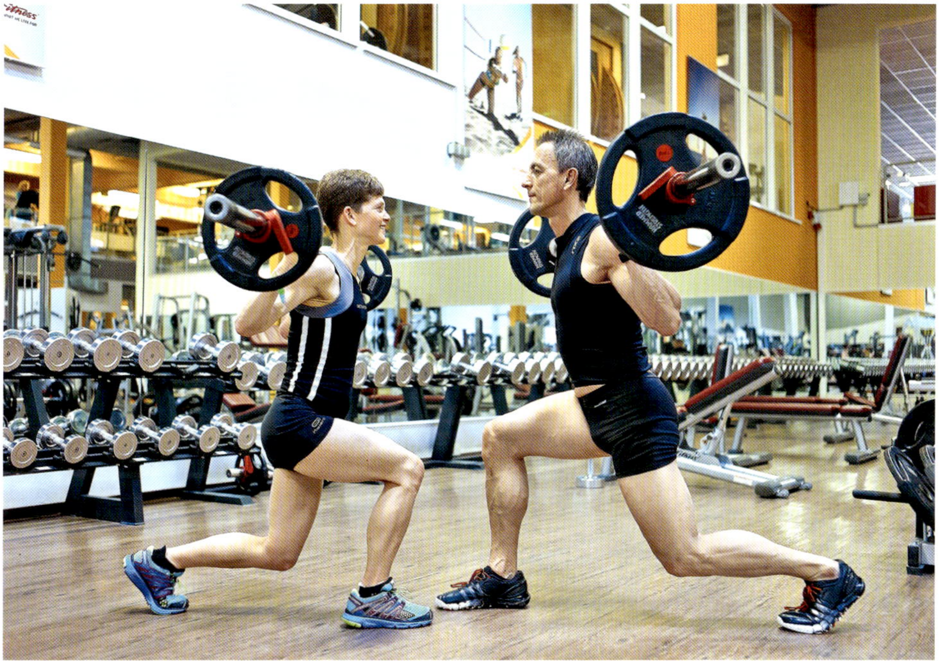

Ausführung:

Senkrecht in die Knie gehen, bis beide Knie einen rechten Winkel bilden. Der Oberkörper bleibt senkrecht und stabil. Die Hüfte bleibt gerade und die Knie zeigen in Richtung Zehenspitzen. Das Aufrichten erfolgt bis zum aufrechten Stand in Schrittposition.

Training auf instabilen Unterlagen

Training auf instabilen Unterlagen, wie Wackelkissen, Wackelbretter, dem Bosu® (halber Ball) etc., sind eine tolle Ergänzung zum Krafttraining. Hier werden Kraft, Koordination und Reaktion spielerisch geschult – alles Qualitäten, die wir beim Trailrunning brauchen. Es ist ein optimales Training, um das Zusammenspiel aus Muskeln, Sehnen, Nerven und Gehirn zu trainieren.

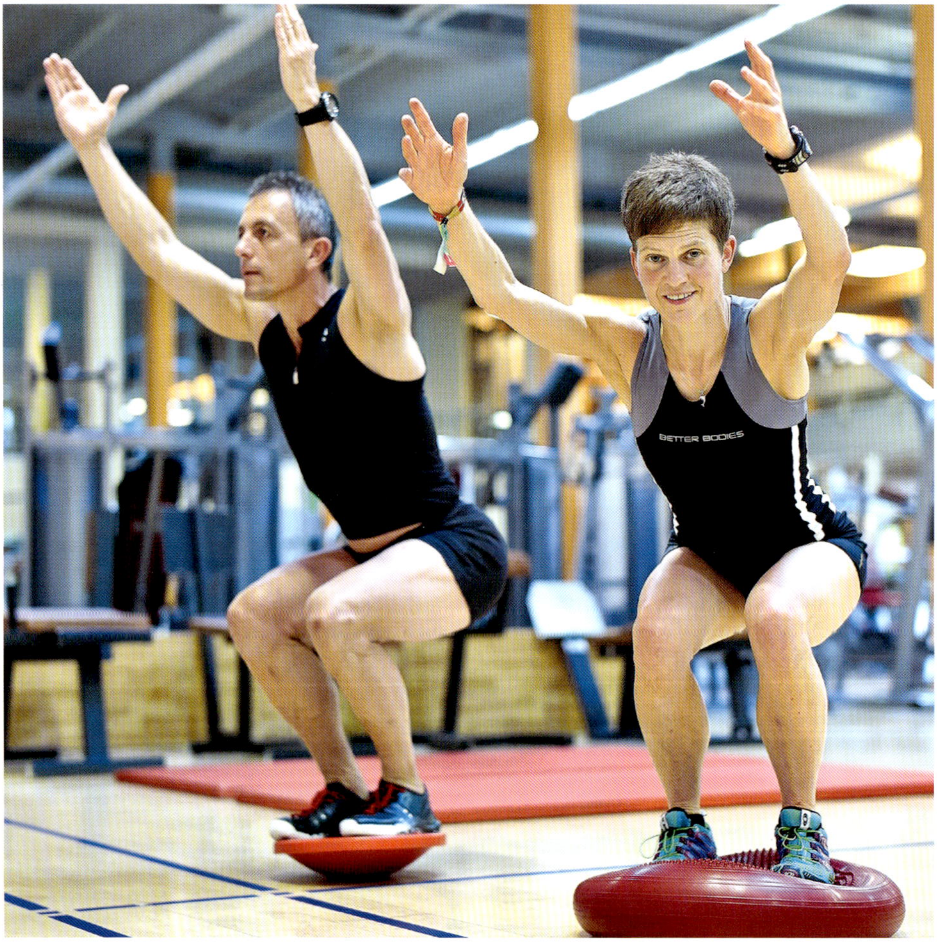

Selbstmassage mit der Schaumstoffrolle

Die Muskel- bzw. Faszienpflege mit der Schaumstoffrolle (z. B. der Blackroll®) ist eine günstige und sehr effektive Form der Eigenmassage. Faszien sind unser Bindegewebe, dessen Bedeutung in den letzten Jahren immer genauer erforscht wurde. Das Faszientraining hat sich immer mehr im funktionellen Training durchgesetzt. Mit der Rolle können „Verklebungen" der Faszien aufgespürt werden. Schmerzhafte, meist durch Verspannung ausgelöste Stellen in der Muskulatur, sogenannte Triggerpunkte, können so selbst behandelt werden.

Vorbeugend, aber auch in der Regeneration ist das Faszientraining empfehlenswert.[1]

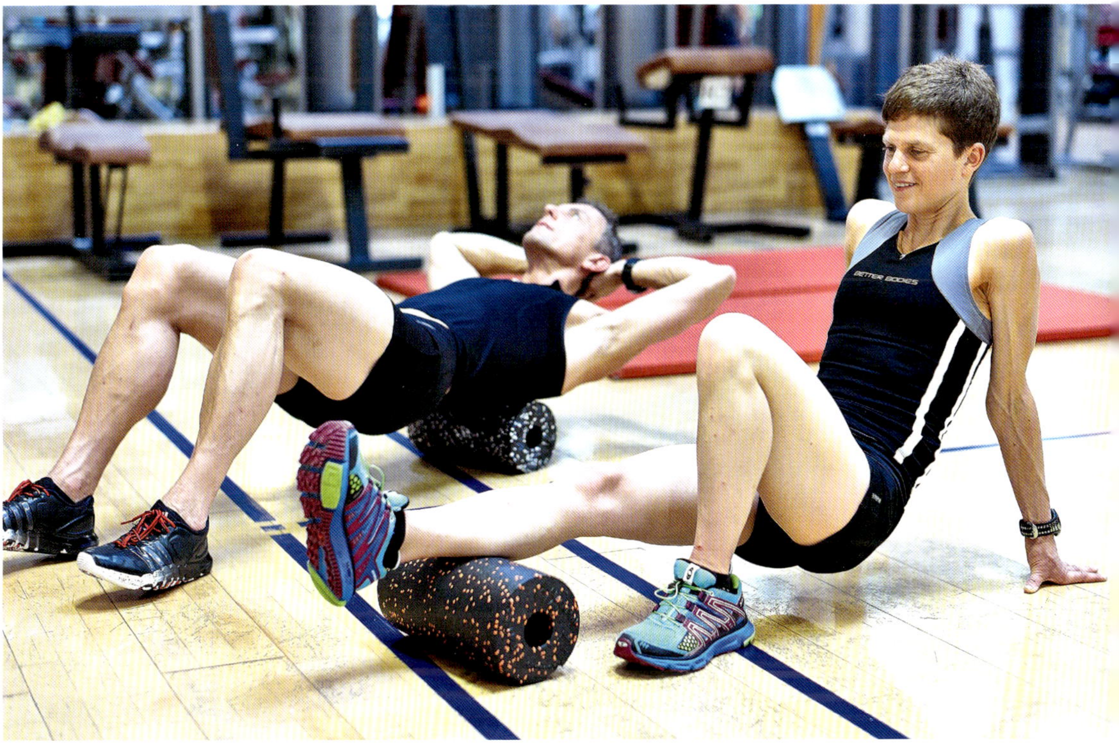

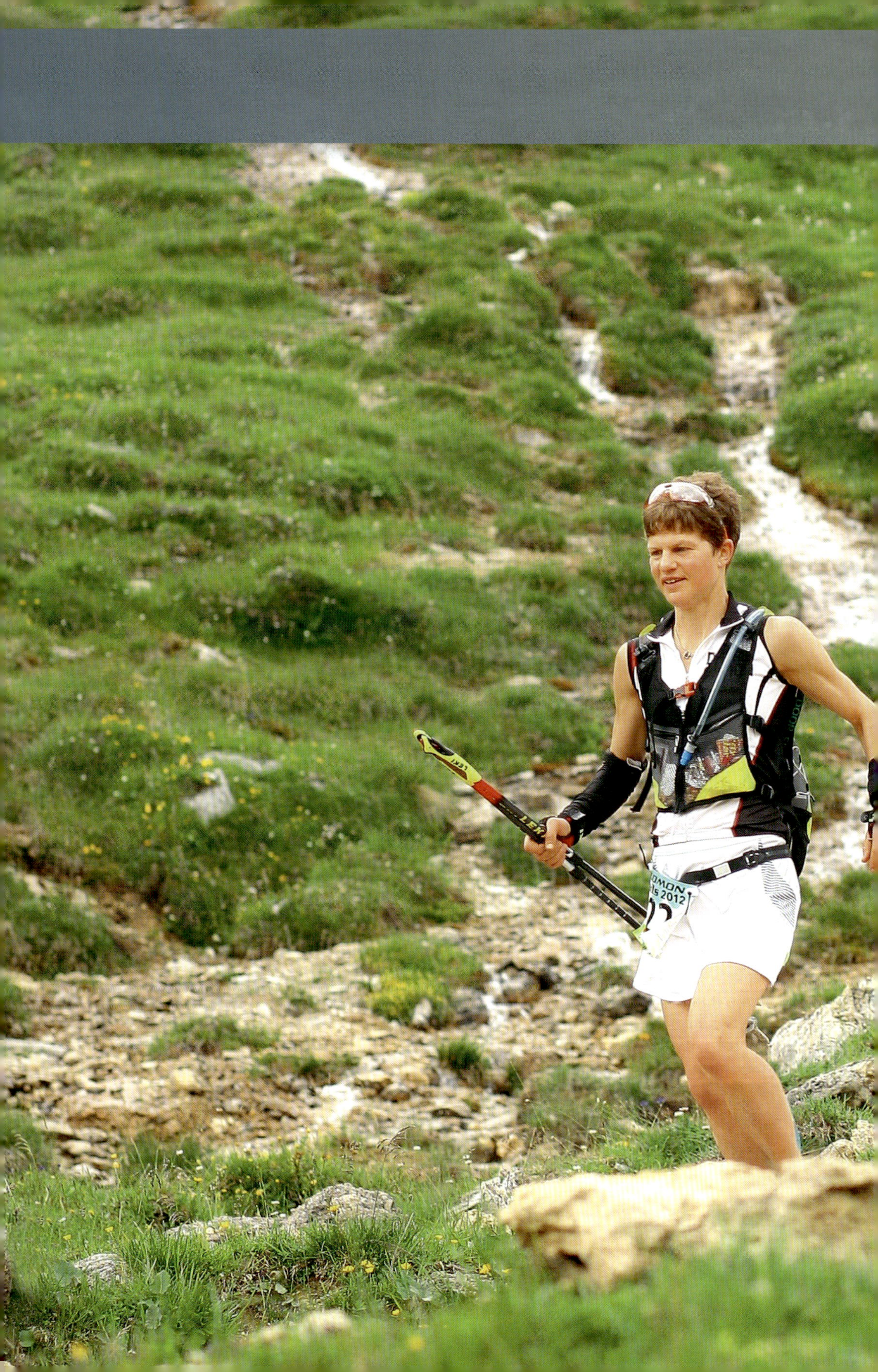

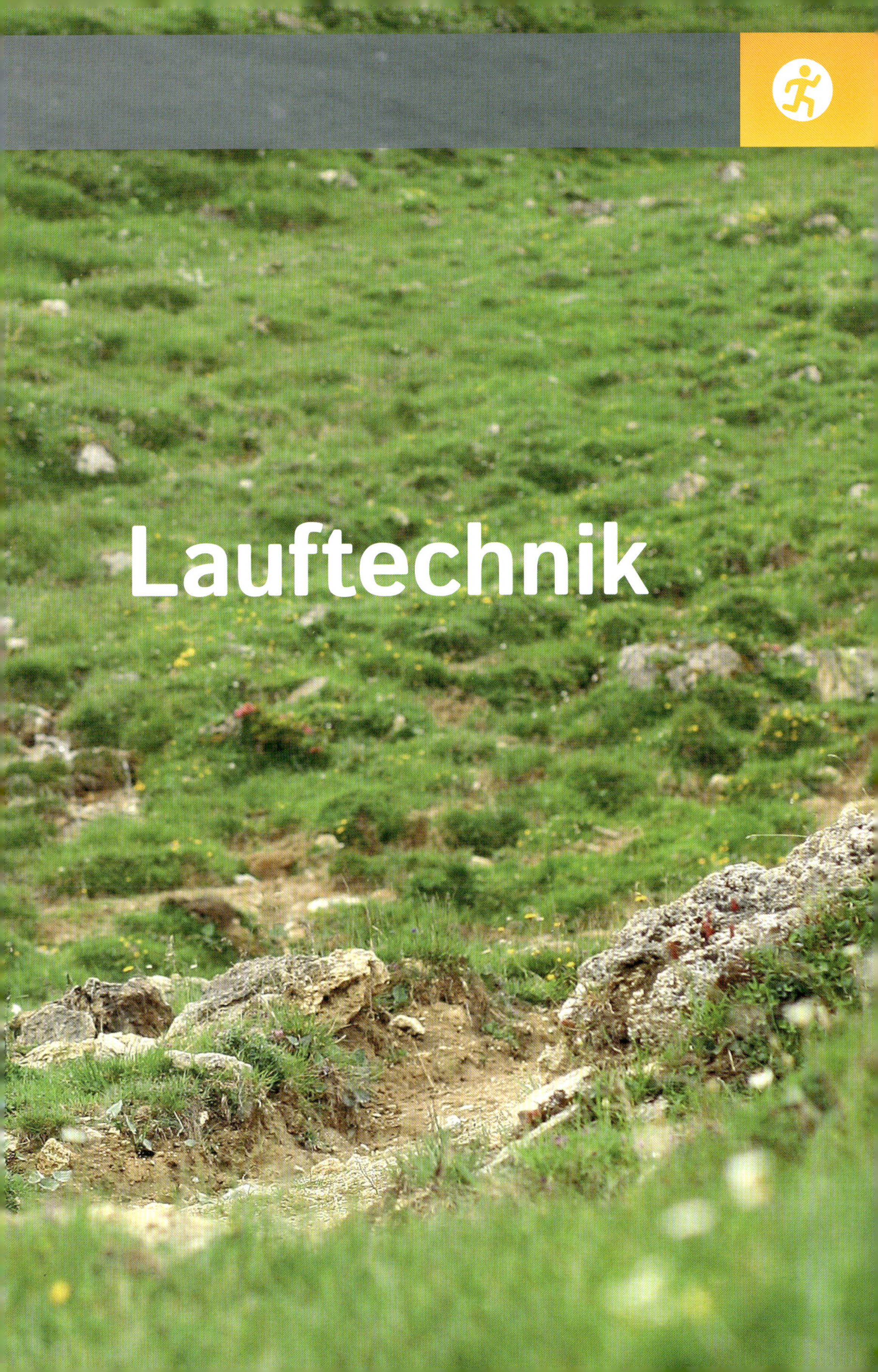

Lauftechnik

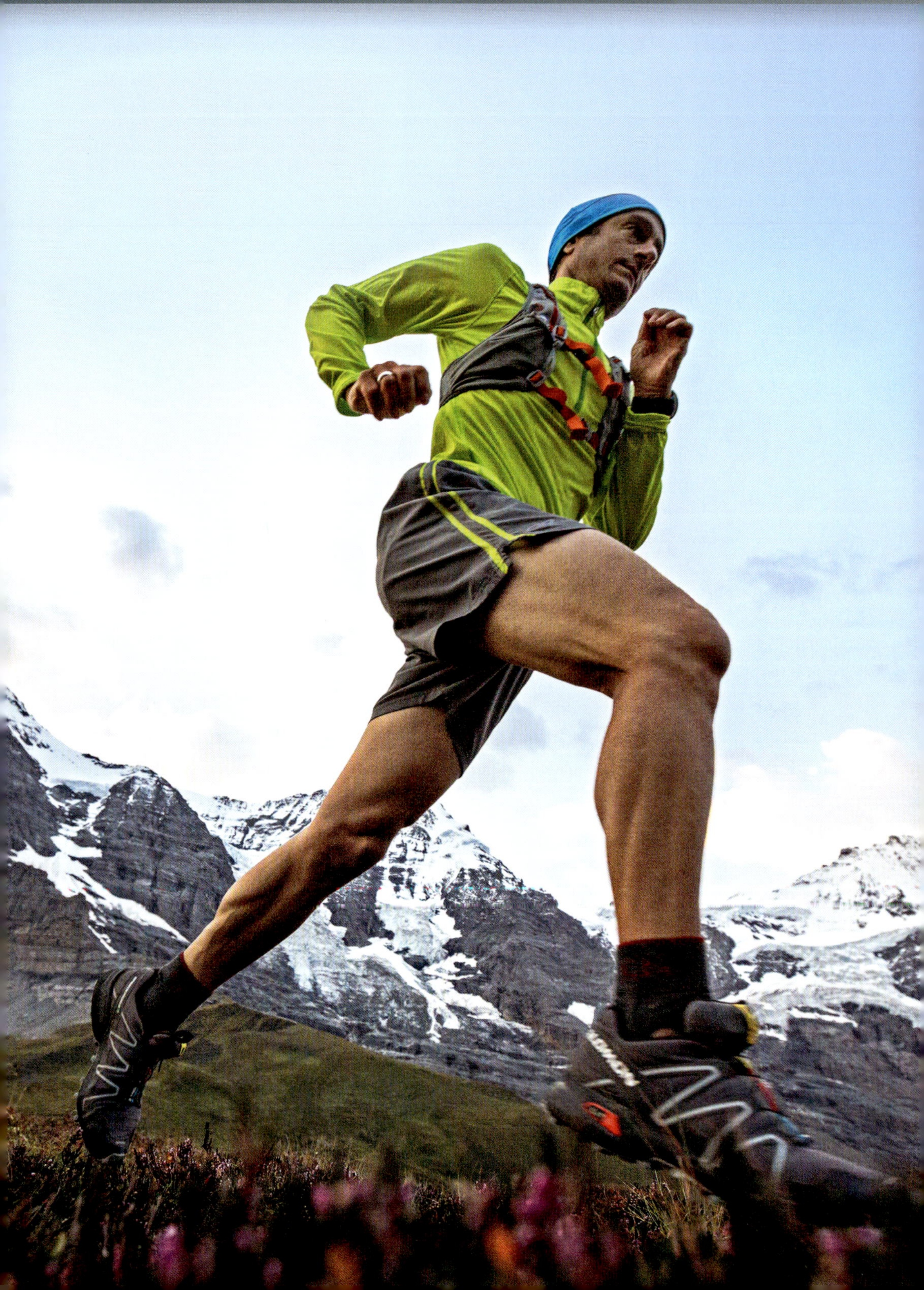

Da wir uns beim Traillaufen auf anderem Untergrund bewegen, ist auch die Lauftechnik eine andere als die bei einem Straßenlauf. Der Untergrund ist unwegsamer, unregelmäßiger – eben natürlicher –, was an uns als Läufer andere Anforderungen stellt. Anspruchsvolle Pfade sind meist gespickt mit Wurzelwerk, Steinen, Geröll, Felsen und Matsch. Oft ist das Ganze noch kombiniert mit steilen Auf- und Abstiegen.

Flache Trails

Um auf wechselndem Untergrund schnell voranzukommen, müssen wir unsere Füße zielgenau und gleichzeitig leichtfüßig wie ein Tänzer aufsetzen. Dazu müssen wir uns auf die vor uns liegenden fünf bis zehn Meter Trail konzentrieren. Also: Augen auf!

Umso schwieriger ein Trail ist, umso mehr Konzentration erfordert er. Schon ein kurzer Blick auf die Uhr oder ein abschweifender Gedanke können genügen, um zu stolpern oder gar zu stürzen. Unsere Balance und Koordinationsfähigkeit ist ebenfalls gefordert. Um tolle Ausblicke zu genießen, sollte man deshalb kurz anhalten oder gehen.

Um sich dem Trail besser anzupassen, ist es nötig, sich anzugewöhnen, die Füße beim Laufen etwas mehr anzuheben. Wenn wir auf dem Vorfuß laufen, können wir die Kraft der Oberschenkel- und Pomuskulatur besser ausnutzen. Die Rumpfmuskulatur bleibt die ganze Zeit unter Spannung, damit uns Sprünge, Richtungswechsel und Stopps nicht aus dem Gleichgewicht bringen.

Bergauflaufen

Erfolgreich in kleinen Schritten!
Wer mit dem Traillaufen beginnt, wird sehr schnell einen spürbaren Trainingseffekt spüren und feststellen, dass immer steilere Passagen auch laufend bewältigt werden können. Wie alles andere auch: Berglaufen ist reine Trainingssache!

„Wie komm ich nur den Berg hinan? Steig nur hinauf und denk nicht dran!"
(Friedrich Nietzsche, 1844 – 1900)

Generell gilt: Je steiler der Berg, desto kürzer die Schritte! Also: Tempo runter, Füße hoch und kleine Schritte machen. Durch kleine Trippelschritte mit hohem Knie kommt unser größter Muskel, der Pomuskel optimal zum Einsatz. So bleiben wir unter unserem Körperschwerpunkt und können unsere Kraft optimal ausnutzen. Wenn der Fuß zu weit vor dem Körperschwerpunkt aufgesetzt wird, verlieren wir an Schwung und verbrauchen unnötig Energie, um den Körper wieder über den Fuß zu bringen. Die Arme unterstützen das Bergauflaufen, indem wir sie unter Spannung leicht mitschwingen.

Wenn ein Anstieg unmittelbar auf einen Abstieg folgt, beginnen wir am besten bereits kurz vor dem Anstieg unsere Schrittlänge zu verkürzen. Das „Anlauf-nehmen-und-in-den-Berg-Hineinspringen" bringt nicht viel: Wir sind vielleicht schneller oben, aber kommen aus unserem Laufrhythmus. Außerdem schnellt durch die kurze, schnelle Belastung die Herzfrequenz hoch. Wenn wir mit kleinen Trippelschrittchen den Berg hinauflaufen, bleiben wir eher „im Fluss", kommen nicht so außer Atem und können ebenso flüssig wieder weiterlaufen – auch den nächsten Berg.

Profi-Tipp
Manchmal ist es sinnvoller, den Berg hinaufzugehen. Nämlich dann, wenn der Kraftaufwand im Verhältnis zur Geschwindigkeit zu groß wird.

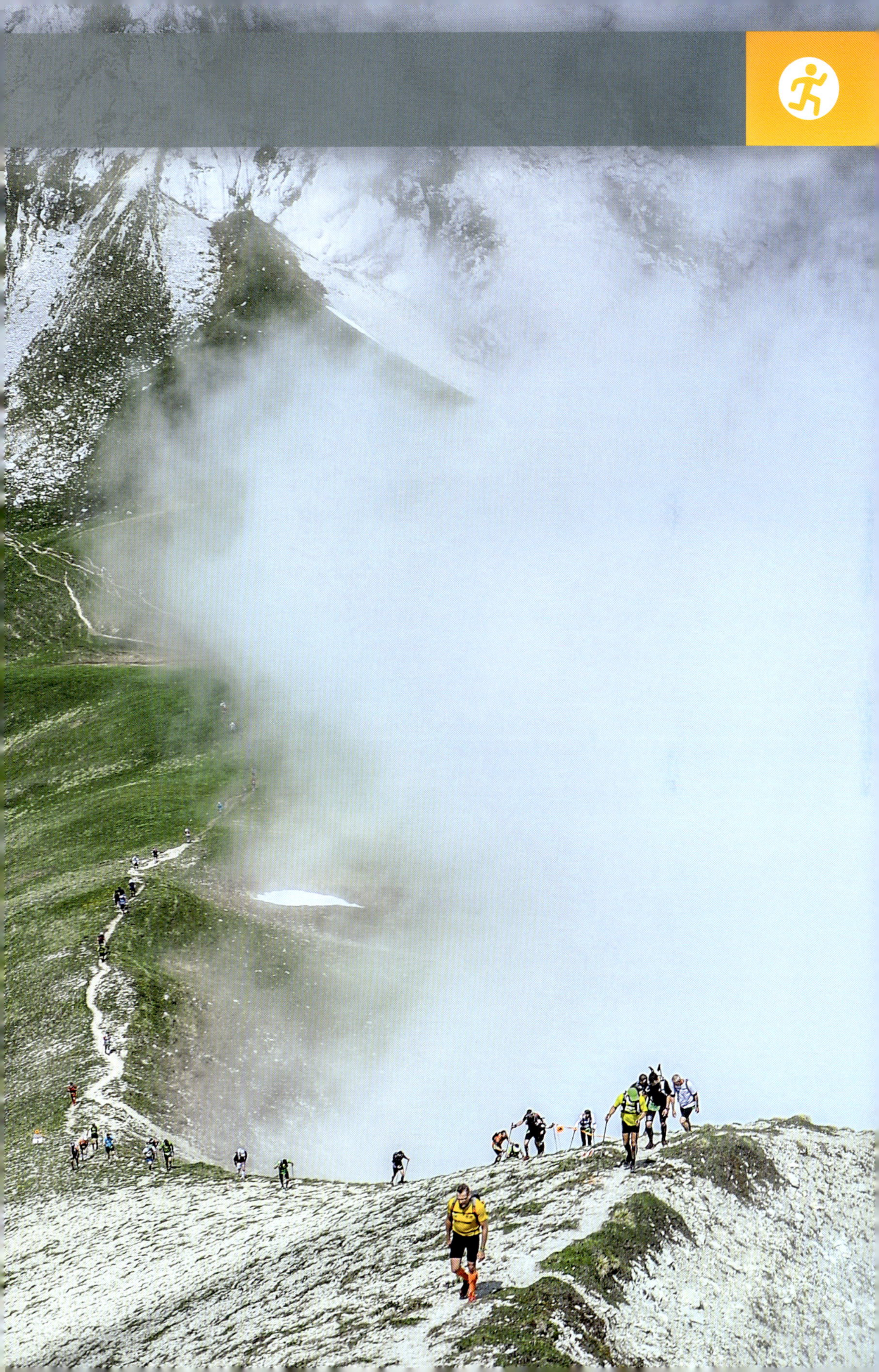

Bergablaufen

Bloß nicht in Rückenlage oder mit angezogener Bremse!

Auch wenn es zunächst etwas ungewohnt ist: Beim Bergablaufen müssen wir in leichter Vorlage laufen. Die Tendenz, in Rückenlage zu gehen und mit den Fersen zu bremsen, ist zunächst mal schwer zu unterdrücken. Die Oberschenkel ermüden dabei jedoch schneller und die Gelenke werden gestaucht. Weiterhin ist die Gefahr zu stürzen größer, besonders bei nassem oder feuchtem Untergrund: Da wir unseren Schwerpunkt nicht mehr über unseren Füßen haben, können sie unkontrollierbar nach vorn wegrutschen und wir stürzen entweder – im besten Fall – auf unsere Rückseite oder – im schlimmeren Fall – auf den Hinterkopf.

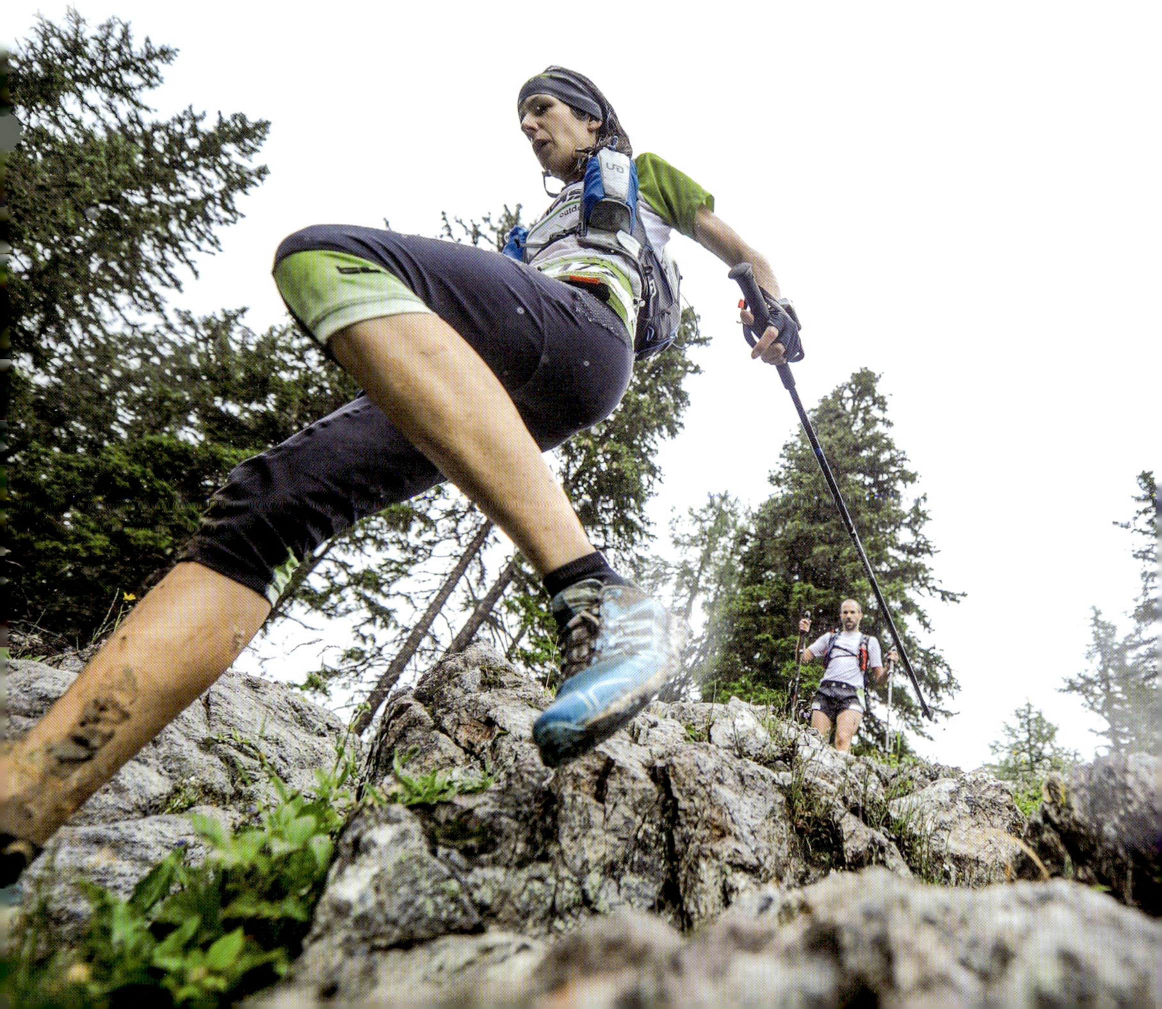

Die Vorteile des Laufens in leichter Vorlage

- Ein großer Teil unseres Sohlenprofils steht uns zur Verfügung und gibt uns die im technisch anspruchsvollen Downhill notwendige Kontrolle und Sicherheit.
- Die Dämpfungseigenschaften unseres Fußgewölbes werden genutzt: Damit laufen wir ermüdungsfreier und gelenkschonender.
- Die Oberschenkel werden nicht „gestaucht“ und können sich etwas erholen.

„Ich war längst in den Zustand eingetreten, in dem Mensch und Gang die Rollen tauschen. Ich ging nicht mehr, es ging mich, und was um mich her geschah, bemerkte ich nicht mehr.“ (Wolfgang Büscher, dt. Autor u. Fernwanderer)

Die Arme stabilisieren beim schnellen Bergablaufen – besonders in schwierigen Passagen und Serpentinen – ein geübter Trailläufer läuft Kurven gerne mit hohem Tempo aus. Das Bergablaufen muss geübt werden, damit es richtig Spaß macht. Sowohl anspruchsvolle steile Trails als auch abschüssige Wege. Doch wer's dann mal draufhat, dem macht so ein rasanter Downhill richtig Spaß!

Laufen mit Stöcken

Das Laufen mit Stöcken hat sich in den letzten Jahren beim Trailrunning etabliert, vor allem beim Trailberglaufen. Auch und gerade Spitzenathleten unserer Branche nutzen die Vorteile des Stockeinsatzes.

Die Stöcke werden unterschiedlich eingesetzt, beim Bergauflaufen stellen sie eine echte Unterstützung dar. Je nach Grad der Steigung werden die Stöcke wie beim Nordic Walking wechselseitig eingesetzt oder bei besonders steilen Abschnitten im Doppelstockeinsatz.

Beispiel

Wenn eine steile Bergpiste bergauf gerannt wird, setzen wir die Stöcke vor uns in den Untergrund und können uns so drei bis vier Schritte an ihnen hochziehen. Ein guter Stock mit guten Schlaufen hält die Belastung gut aus. Auf diese Art wird unsere Aufstiegsmuskulatur (Po, Oberschenkel und Wade) geschont und wir sind schneller.

So hilfreich Stöcke auch sein mögen, können sie manchmal auch zum Hindernis werden. Bei Geröll und Felsblöcken braucht man freie Hände, vor allem, wenn die Stockspitzen keinen Halt finden oder sogar in Spalten feststecken. Das ist sowohl für uns wie auch für den Stock gefährlich.

Je nach Steigung erreichen wir mit kraftvollem wechselseitigem Stockeinsatz ein enorm hohes Gehtempo, welches oft höher ist als ein kräftezehrendes Bergauflaufen. Bei leichten und mittleren Steigungen unterstützen die Stöcke unseren Lauf mit einem leichten doppel- oder wechselseitigen Einsatz. Gerade bei einem sich ständig ändernden Streckenprofil wird oftmals auch vom Laufen ins Gehen gewechselt. Auch hier unterstützen uns die Stöcke.

Profi-Tipp

Besonders schnelles Bergablaufen mit Stöcken auf schwierigen Trails erfordert besonders viel Übung.

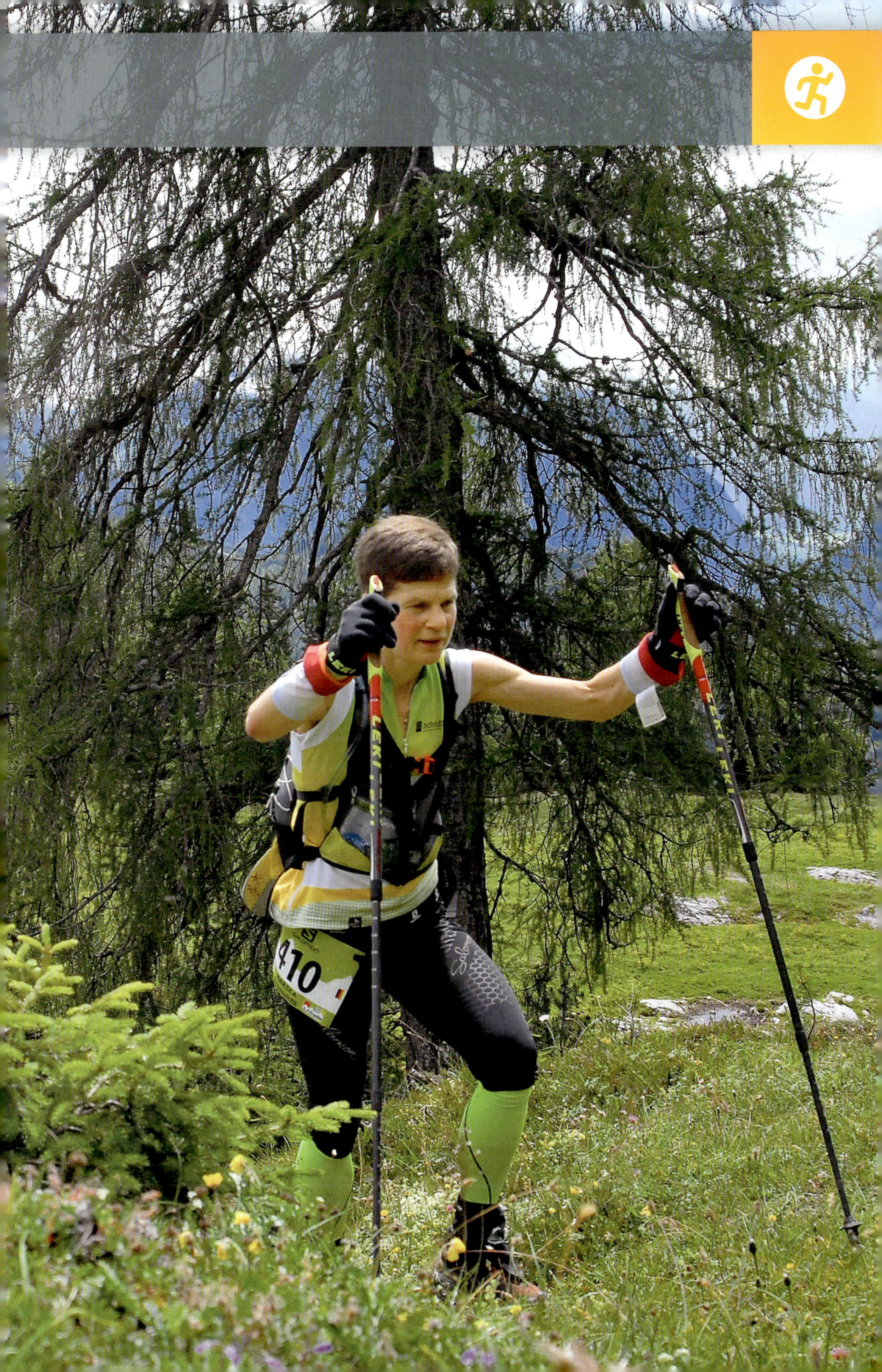
410
LEKI

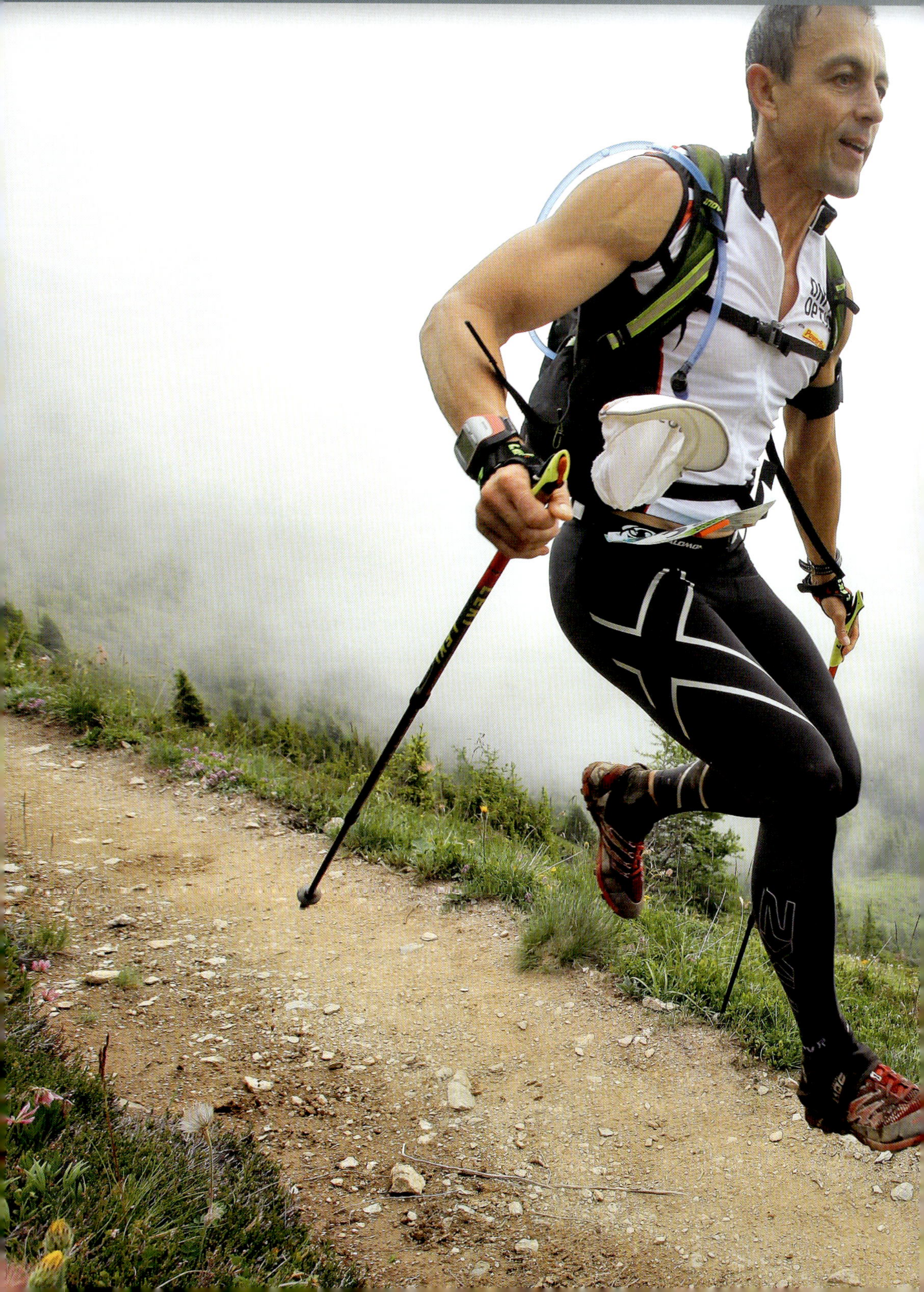

Sinnvolle

Ernährung

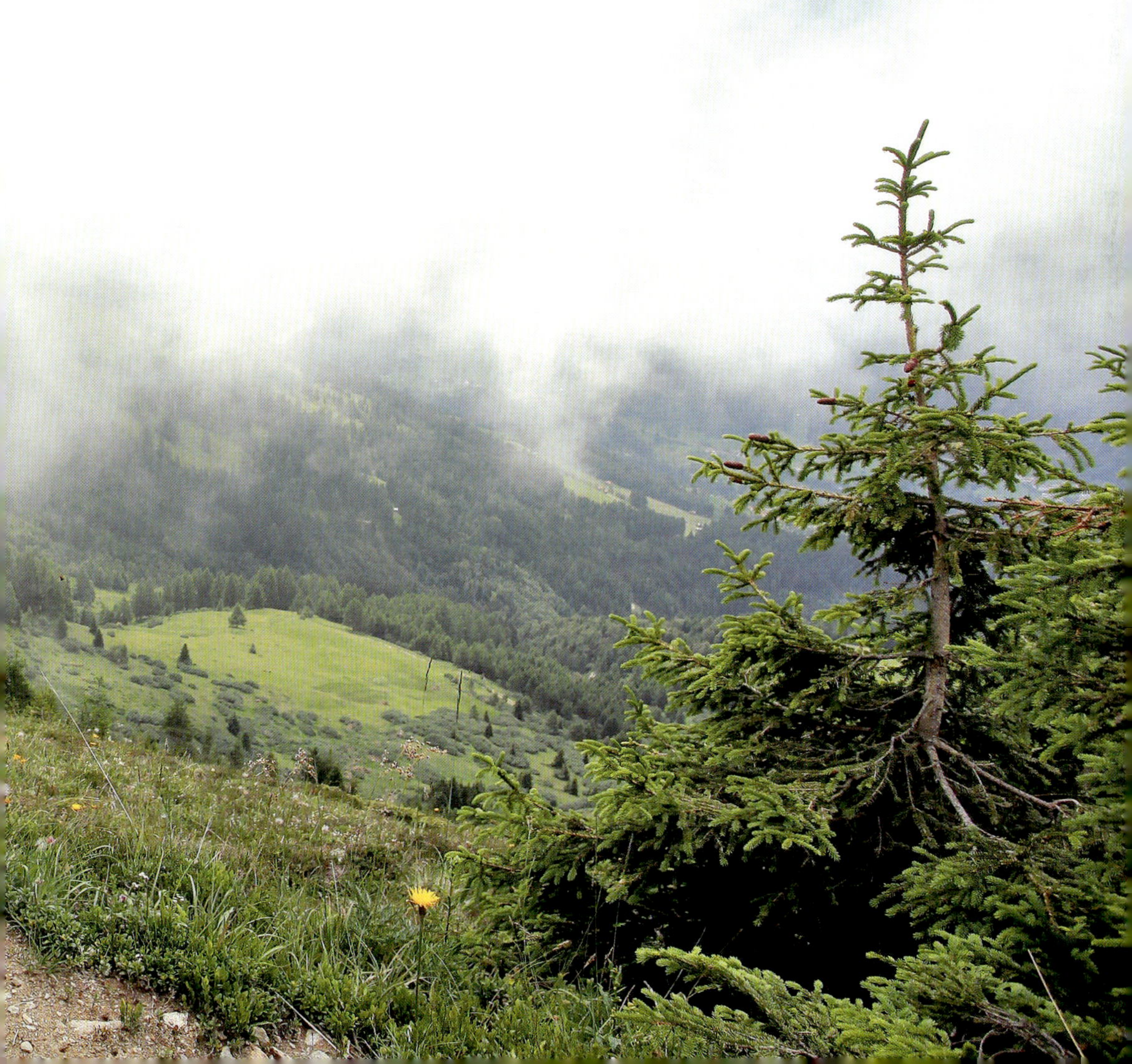

Was essen Ausdauersportler?

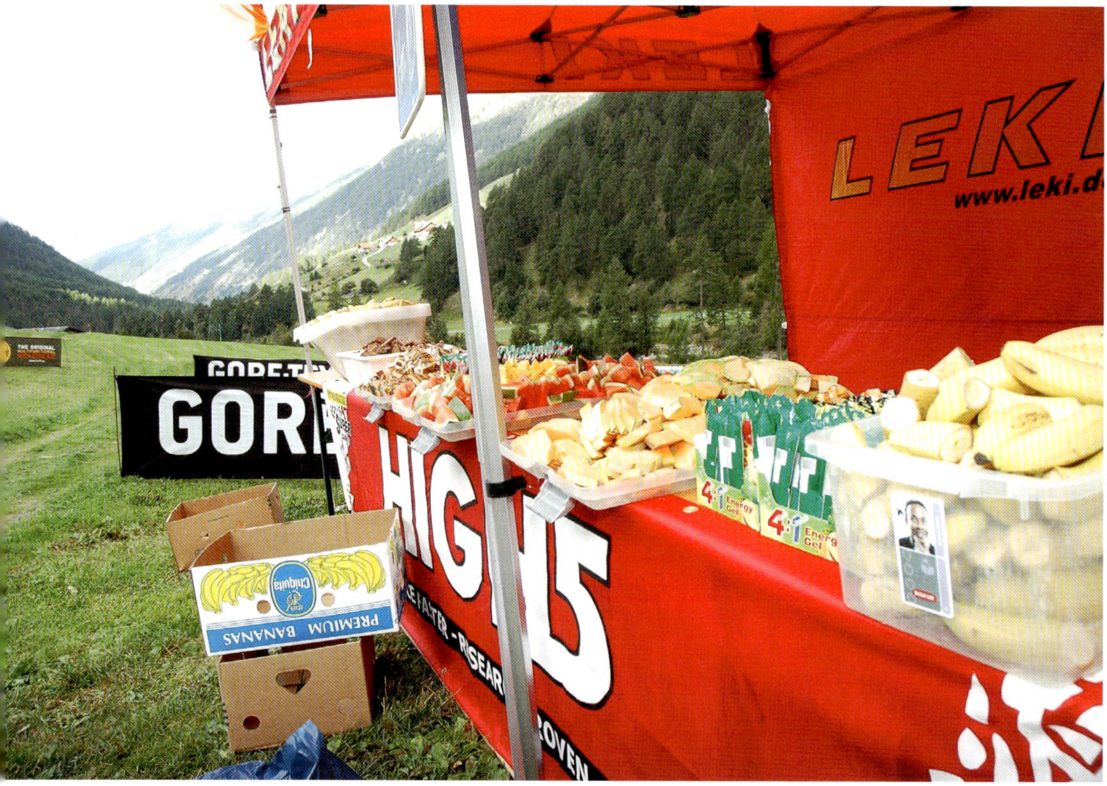

Versorgungsstation beim Transalpine-Etappenlauf

Anmerkung vorab: Die folgenden Tipps zu einer sinnvollen Ernährung sind eigene Erfahrungswerte. Wir sind weder Mediziner noch Ernährungswissenschaftler, haben aber etwas genauer hingeschaut und teilen hier vor allem unsere eigene Erfahrung mit.

Auch bei der Ernährung sollten wir nah an der Natur bleiben. Die Ernährungstrends wechseln schneller, als wir laufen können. Für Einzelne mögen bestimmte Ernährungsformen, wie die Steinzeiternährung, die vegane Ernährung, das intermittierende Fasten, ihre Berechtigung haben – doch letztendlich muss jeder seine eigene Form finden, mit der er gut zurechtkommt, die er gut verträgt und mit der er laufen kann. Immerhin befinden wir uns in der glücklichen Lage, uns Gedanken über unsere Ernährung machen zu können, insofern, dass wir eine große, reiche Auswahl haben – früher musste meistens das gegessen werden, was verfügbar war.

Als Ausdauersportler brauchen wir viel Energie und die bezieht der Körper am schnellsten und effizientesten zunächst aus Kohlehydraten. Die Energiegewinnung aller Nährstoffe, also auch der Fette und Eiweiße, läuft zwar parallel, aber auf die Kohlehydrate greift der Körper vor allem bei intensiven Belastungen bis zu 45 Minuten zurück. Bei körperlicher Belastung werden sie primär zur Energiegewinnung herangezogen. Sie haben im Gegensatz zu Fetten und Eiweißen eine hohe Energieeffizienz und sind schnell verdaubar. Außerdem ist der Energieverlust bei der Verarbeitung für den Stoffwechsel geringer als bei Fetten und Eiweißen. Nach ca. 45 Minuten Training greift der Körper auf Fette als Energiequelle zurück.

Die Energiebereitstellung aus Fetten verläuft deutlich langsamer, kann dafür aber sehr lange aufrechterhalten werden. Dies ist besonders interessant für Ultraläufer, also all diejenigen, die länger als eine Marathonetappe laufen. Auch aus Eiweißen können wir Energie gewinnen, das allerdings oftmals zu Lasten der Muskulatur.

Die Nährstoffe unter der Lupe

Kohlehydrate

Kohlehydrate sind neben Fetten und Eiweißen die wichtigsten Bestandteile unserer Ernährung. Je intensiver eine körperliche Belastung ist, desto wichtiger sind die Kohlehydrate für die Energiebereitstellung. Man muss hier komplexe und konzentrierte Kohlehydrate unterscheiden.

Komplexe Kohlehydrate setzen sich aus vielen Zuckerbausteinen zusammen, die der Körper erst erschließen muss. Das geschieht im Dünndarm. Die Zuckerbausteine kommen so langsamer, aber kontinuierlicher ins Blut. Der Blutzuckerspiegel kann so über längere Zeit konstant gehalten werden und eine gleichbleibende Energiezufuhr ist gewährleistet. Mit diesen Kohlehydraten werden zudem Vitamine, Mineralstoffe und Ballaststoffe geliefert. Sie sind in Vollkornprodukten, Obst und Gemüse zu finden.

Die konzentrierten Kohlehydrate, auch einfache Zucker genannt (Mono- und Disaccharide), gelangen direkt ins Blut. Cola, Traubenzucker und Energiegelees gehören beispielsweise dazu. Der Blutzuckerspiegel steigt schnell an, sinkt aber auch wieder schnell ab und wir verspüren schnell neuen Hunger.

Beides ist für uns wichtig, wobei auch hier gilt: Am besten so natürlich wie möglich – Früchte enthalten auch Kohlehydrate und Fruchtzucker, die Energie geben. Sie haben aber nebenbei noch viel Wasser und Ballaststoffe.

Einteilung in hoch und niedrig glykämische Kohlehydrate

Die Einteilung in hoch und niedrig glykämische Kohlenhydrate verdeutlicht den Einfluss der Kohlenhydrate auf den Blutzucker- und Insulinspiegel nochmals. Die aufgenommenen Kohlenhydrate werden über verschiedene Enzyme zu einfacher Glukose abgebaut und können dann von der Muskulatur und vom Gehirn verwertet werden.

Nach einer kohlenhydratreichen Nahrung steigt der Blutzuckerspiegel an, umso mehr und schneller, je mehr Einfachzucker in Lebensmitteln enthalten sind. Der sogenannte glykämische Index zeigt an, wie stark der Einfluss eines Lebensmittels auf den Blutzuckerspiegel ist.

Je höher der glykämische Index ist, desto mehr steigt der Blutzuckerspiegel an und verursacht so eine hohe Insulinausschüttung. Je mehr ein Glukosemolekül „verpackt" ist – durch Fett, Eiweiß und/oder Ballaststoffe –, desto niedriger ist der glykämische Index. Auch die Menge der aufgenommenen Kohlenhydrate ist entscheidend dafür, wie stark der Blutzucker ansteigt – das nennt man glykämische Last.

Der Körper reagiert beim Anstieg des Blutzuckerspiegels mit der Ausschüttung des Hormons Insulin, um den Spiegel konstant zu halten. Wenn dieser zu hoch steigt, reagiert er schnell mit einer besonders starken Insulinausschüttung und transportiert schnell die Glukose aus dem Blut – dadurch kommt es zu einer Unterzuckerung. Im Training und Wettkampf kann sich das als der bekannte „Hungerast" äußern. Im Alltag erleben wir dann Heißhungerattacken, Stimmungsschwankungen, Schlappheit und Müdigkeit.

Wenn für die Glukose kein akuter Bedarf vorhanden ist, also Gehirn und Muskeln versorgt sind, wird sie als Glykogen in der Muskulatur und in der Leber gespeichert, der Fachbegriff dafür ist Carboloading. Unser Körper kann ca. 1200 bis 1600 kcal an Glykogen speichern! Bei einem Überangebot werden die Fettspeicher aufgefüllt. Insulin wirkt also sowohl muskelaufbauend als auch energiespeichernd.

Ballaststoffe

Obst, Gemüse und Getreide, möglichst ungeschält, enthalten viele Ballaststoffe, die für unseren Organismus wichtig sind. Im Prinzip sind Ballaststoffe unverdauliche Pflanzenfasern, die meistens zu den komplexen Kohlehydraten gehören. Da sie viel Wasser binden können und über ein großes Quellvermögen verfügen, sind sie für unsere Verdauung von besonderer Bedeutung. In Salaten, Gemüse und Getreide kommen sie als Cellulose und Pektin vor.

Fette

Wenn wir länger als ca. 45 Minuten ausdauernd trainieren, greift der Körper auf Fette zurück, um Energie zu gewinnen. Wie schon erwähnt, verläuft die Energiegewinnung aus Fetten deutlich langsamer als die aus Kohlehydraten ab, kann aber dafür sehr lange aufrechterhalten werden, da der Körper über große Fettreserven verfügt. Das ist für uns als Trailläufer, gerade wenn wir längere Läufe absolvieren, durchaus interessant.

Von den drei Ernährungsgruppen Kohlehydrate, Proteine und Fette haben die Fette mit 9 kcal pro Gramm den höchsten Energiegehalt und damit doppelt so viel wie Kohlehydrate und Eiweiße.

Wichtige Funktionen

- Neben der Funktion als Energielieferant sind sie maßgeblich an der Struktur und dem Aufbau von Zellmaterial beteiligt.
- Fette sind das Ausgangsmaterial von Hormonen und Enzymen.
- Fette werden zur Aufnahme der fettlöslichen Vitamine A, D, E und K benötigt.
- Sie haben außerdem geschmackstragende Funktion.
- Letztlich dienen sie dem Körper zur Wärmeisolation und haben Polsterfunktion.

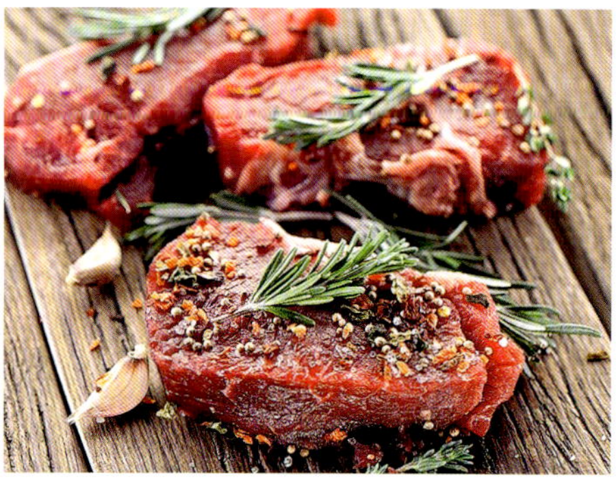

Gesättigte Fettsäuren findet man z. B in Fleisch.

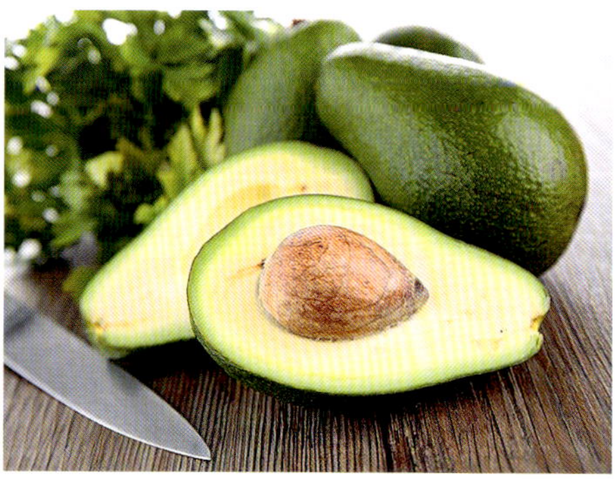

In Avocados dagegen stecken freie Fettsäuren.

Gesättigte und ungesättigte Fettsäuren

Ein Bestandteil des Körperfetts sind die Triglyzeride, die aus energetischer Sicht am wichtigsten sind. Sie setzen sich zusammen aus einem Glyzerinmolekül und freien Fettsäuren. Diese freien Fettsäuren haben unterschiedlich lange Ketten, die aus einem Kohlestoffgerüst bestehen. Dazu kommen noch Sauerstoff und Wasserstoffatome.

Zu unterscheiden sind die freien oder ungesättigten Fettsäuren und die gesättigten Fettsäuren. Bei den ungesättigten Fettsäuren unterscheidet man einfach und mehrfach gesättigte Fettsäuren, je nachdem wie viel Wasserstoffatome aufgenommen werden können.

Bei Raumtemperatur sind freie oder ungesättigte Fettsäuren flüssig, gesättigte Fettsäuren fest.

- Unser Körper ist essentiell auf freie oder ungesättigte Fettsäuren angewiesen. Sie kommen hauptsächlich in Pflanzenöl, Samen, Nüssen, Oliven, Avocados, Getreide und Hülsenfrüchten sowie in Seefisch vor.
- Gesättigte Fettsäuren stecken überwiegend in tierischen Lebensmitteln wie Butter, Sahne, Mayonnaise, Fleisch, Wurst und Käse, aber auch in Palm- und Kokosfett.

Omega-3- und Omega-6-Fettsäuren sind die wichtigsten lebensnotwendigen mehrfach ungesättigten Fettsäuren; diese sind essentiell, da der Körper sie nicht selbst aufbauen kann.

In unserer getreidereichen Ernährung gibt es ein Überangebot an Omega-6-Fettsäuren. Allerdings werden sie auch in Tierfleisch gefunden, da Tiere in Großbetrieben mit Getreide gefüttert werden. Die Omega-6-Fettsäuren hemmen die Omega-3-Fettsäuren und machen sich bei einem Überangebot durch Gelenkentzündungen, rheumatische Beschwerden, Haut- und Haarprobleme bemerkbar. Fetter Fisch, Leinöl und Rapsöl sind reich an den gesünderen Omega-3-Fettsäuren und sollten bevorzugt eingesetzt werden.

Auch die einfach ungesättigten Öle und Lebensmittel wie Nüsse, Raps- und Olivenöl sind empfehlenswert für eine gute Ernährung. Dem Fischöl wird zudem auch ein blutzucker- und glykogensparender Effekt zugeschrieben – damit wird die Fettverbrennung, also die Bereitstellung von Energie aus Fett, verbessert.

Zu meiden, nicht nur für Trailläufer, sind die sogenannten Transfettsäuren, die vor allem in industriell verarbeiteter Nahrung vorkommen. Diese entstehen bei der unvollständigen Härtung von Pflanzenölen. Sie sind häufig in frittierten Lebensmitteln und Backwaren zu finden sowie in Margarinen und Streichfetten und bei Fastfood-Produkten. Die Transfettsäuren gelten als Risiko für Herzkreislauferkrankungen und fördern zudem das Risiko von Diabetes, Darmkrebs und Allergien.

Cholesterin

Cholesterin ist ein wichtiges Blutfett und Bestandteil von Zellen, Gewebe und allen Körperflüssigkeiten des menschlichen Organismus. Des Weiteren ist Cholesterin maßgeblich an der Bildung von Hormonen beteiligt.

Zu unterscheiden ist das Cholesterin, das unser Körper selbst herstellen kann und das sogenannte Nahrungscholesterin, welches nur in tierischen Nahrungsmitteln vorkommt. Es muss mit einer Eiweißverbindung transportiert werden.

Hier gibt es mehrere Verbindungsarten, von denen hauptsächlich das LDL-Cholesterin (Low Density Lipoprotein) und das HDL (High Density Lipoprotein) eine Rolle spielen. Das LDL gilt im Hinblick auf Herzkreislauferkrankungen als das „schlechte“, das HDL als das „gute“ Cholesterin. Diese Sichtweise wird allerdings auch zunehmend diskutiert.

Eiweiße

Eiweiße oder Proteine sind wichtige Baustoffe unseres Körpers. Eiweiß spielt in der Sportlerernährung eine große Rolle, besonders im Krafttraining wird ein hoher Verzehr von Eiweiß zum Muskelaufbau empfohlen – was die Nahrungsergänzungsmittelindustrie sehr freut.

Doch auch im Ausdauersport wird die Bedeutung der Eiweiße immer wieder neu diskutiert. Mit hochwertiger, möglichst naturbelassener Ernährung fahren wir allemal besser als mit einer mäßig gesunden Ernährung plus irgendwelcher Aufbaupräparate.

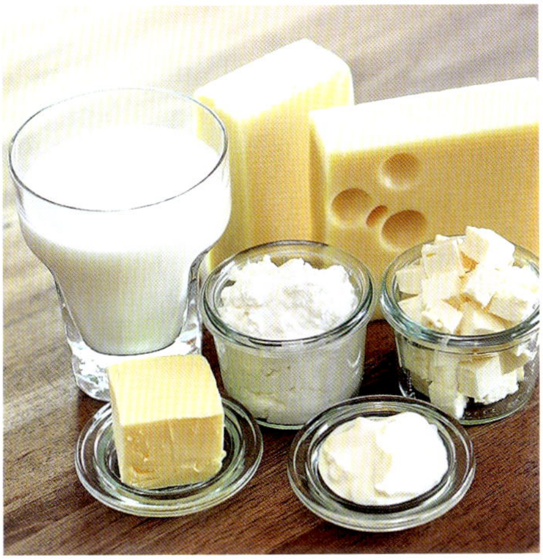

Molkereiprodukte schmecken gut und sorgen nebenbei für die nötige Eiweißversorgung.

Wichtige Funktionen

- Mit Hilfe von Eiweiß kann der Körper Muskulatur und anderes Gewebe aufbauen.
- Rote Blutkörperchen bestehen aus Proteinen (also Eiweißen) und sind maßgeblich am Sauerstofftransport beteiligt.
- Eiweiße steuern das Immunsystem (Antikörper).
- Hormone bestehen aus Eiweißen, z. B. Insulin und Glukagon.

Eiweiße bestehen wie Kohlehydrate und Fette aus Kohlen-, Wasser- und Sauerstoff. Zusätzlich enthalten sie Stickstoff. Aus diesen Elementen werden die Aminosäuren gebildet. Es gibt ca. 20 verschiedene Aminosäuren, die in unterschiedlichster Form miteinander verbunden sind. Nicht nur Zellen, Organe und Nerven werden aus Eiweißen aufgebaut, aus ihnen bestehen auch Hormone, Enzyme und Botenstoffe.

Alle Lebensmittel enthalten Protein, wobei tierische Lebensmittel als hochwertiger gelten, da sie mehr essentielle Aminosäuren enthalten. Durch eine geschickte Kombination von Lebensmitteln können aber auch pflanzliche Eiweiße eine hohe Wertigkeit besitzen, z. B. Mais und Bohnen. Auch Hülsenfrüchte, Nüsse und verschiedene Getreidearten enthalten viel Eiweiß, sodass auch bei vegetarischer und veganer Ernährung eine ausreichende Eiweißversorgung möglich ist.

Tierisches und pflanzliches Eiweiß

Eiweiße sind entweder tierischer oder pflanzlicher Herkunft:

- Eiweiße tierischer Herkunft finden wir in Wurst, Geflügel, Fisch, Meeresfrüchten, Eiern, Käse und Milchprodukten.
- Eiweiße pflanzlicher Herkunft sind vorwiegend in Hülsenfrüchten, Sojaprodukten, Vollkorngetreide, Nüssen und Kohlgemüse zu finden.

Eiweiße und Energiegewinnung

Auch Eiweiße können bei Kohlenhydratmangel, also auch bei extrem lang andauernden Belastungen wie extrem langen Läufen oder sogar Läufen an aufeinanderfolgenden Tagen, zur Energiegewinnung herangezogen werden. Normalerweise liegt ihr Beitrag bei der Energiebereitstellung nur bei 5 %, kann aber bis auf 15 % bei intensiven, langen Belastungen ansteigen. Bei niedrigem Glykogen- und Blutzuckerspiegel greift der Körper auf Aminosäuren als Energiequelle zurück. Dies wirkt muskelabbauend. Bei Hungerzuständen und Mangelernährung greift der Körper auf nahrungs- und körpereigene Eiweiße zur Energiebereitstellung zurück und verstoffwechselt sich quasi selbst.

Vitamine und Mineralstoffe

Vitamine werden in wasserlösliche und fettlösliche Vitamine unterteilt.

Zu den wasserlöslichen Vitaminen gehören Vitamin B1, B2, Niacin, B6, Pantothensäure, Biotin, Folsäure, Vitamin B12 und Vitamin C. Diese sorgen für ein gut funktionierendes Immunsystem und sind zuständig für die Abwehr freier Radikale; auch für die Eisenversorgung und das Bindegewebe spielen sie eine tragende Rolle. Wasserlösliche Vitamine sind bei der Lagerung empfindlich. Viele Wirkstoffe können durch Hitze (also durch Kochen), durch Lichteinfluss und Sauerstoff verloren gehen (wenn Obst und Gemüse zu lange liegen).

Fettlösliche Vitamine, also Vitamin A, D, K und E, sind unerlässlich für eine gesunde Haut- und Schleimhautfunktion sowie für unsere Sehleistung. Vitamin D ist für den Knochenaufbau und -erhalt nötig, da es notwendig für den Kalziumstoffwechsel ist. Vitamin E sorgt unter anderem für die Abwehr von freien Radikalen, Vitamin K ist für die Blutgerinnung wichtig.

Vitamine und Mineralstoffe liefern zwar an sich keine Energie, sind aber lebensnotwendig für uns. Nur mit ihnen können wir im Alltag, vor allem aber im Training und Wettkampf funktionieren. Ein Mangel an einem oder mehreren Vitaminen oder Mineralstoffen setzt unsere Leistungs- und Konzentrationsfähigkeit herab. Wenn der Mangel über längere Zeit besteht, drohen ernsthafte gesundheitliche Einbußen.

Mangelerscheinungen

Man mag zwar meinen, dass es in unserer Wohlstandsgesellschaft, in der wir alle möglichen Lebensmittel in Fülle zur Auswahl haben, kaum möglich ist, sich so zu ernähren, dass Mangelzustände

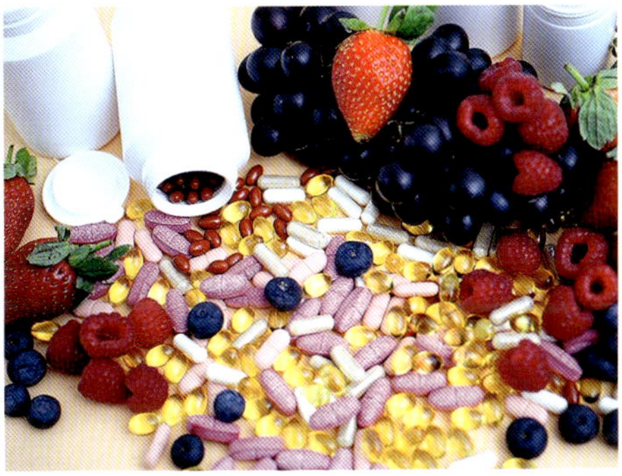

Nahrungsergänzungsmittel können eine vitaminreiche Ernährung nie gleichwertig ersetzen.

entstehen können. Dem ist aber bei Weitem nicht so. Auch hier gilt einmal mehr: So nah wie möglich an der Natur bleiben, d. h. möglichst unverarbeitete (oder selbst verarbeitete) Lebensmittel essen. Die Schäden durch den dauerhaften Konsum von Fastfood-Produkten werden andernorts vielseitig dargestellt, bewertet und diskutiert – auch, dass sich solche „Sünden“ nicht einfach mit Vitaminpräparaten tilgen lassen.

Doch dieser Umstand ist bei den meisten Menschen, die sich einigermaßen bewusst ernähren und sich genügend bewegen, hinreichend bekannt und soll hier nicht weiter behandelt werden. Fakt ist, dass jeder, der sich ausgewogen ernährt und viel bewegt, ein sehr gesundes Körperempfinden entwickelt. Der Körper zeigt sehr gut, was er momentan braucht – wenn wir ihn nicht mit „ablenkenden“ Genüssen irritieren.

Vitamine und Mineralstoffe sind Bestandteile von Enzymen oder aktivieren diese. Sie sind damit maßgeblich am Energiestoffwechsel beteiligt. Weiterhin spielen sie im Baustoffwechsel unseres Körpers eine wichtige Rolle; gemeint ist hier z. B. der Knochenaufbau bzw. der Knochenerhalt, zu dem wir unbedingt Vitamin D und Kalzium benötigen. Diese Stoffe sorgen dafür, dass unser Immunsystem auch bei größeren Belastungen funktioniert.

Antioxidantien

Menschen, die sportlich sehr aktiv sind, haben auch einen erhöhten Bedarf an sogenannten Antioxidantien. Oxidativer Stress entsteht bei hoher körperlicher Belastung, die zu unserer alltäglichen Belastung (z. B. Abgase, starke UV-Strahlung) noch dazu kommt. Dadurch entstehen im Körper freie Radikale, die sowohl die Zellen als auch die Muskeln schädigen können.

Unser Körper kann eigene Antioxidantien bilden, also eine Art Schutzsystem, das umso stärker ausgebildet ist, umso trainierter wir sind. Wenn wir ausreichend trainieren und uns sinnvoll ernähren, dann ist unser Immunsystem auch stark.

Tipps

Sämtliche Gemüse- und Obstsorten liefern mehr oder weniger Energie und tragen zu einer ausgewogenen Ernährung bei, da sie viele sekundäre Pflanzenstoffe wie Ballaststoffe enthalten.

Getreide, Kartoffeln und Reis sind ebenfalls hervorragende Kohlehydratspender – umso unverarbeiteter, umso nährstoffhaltiger. Kohlehydratreich und proteinreich sind beispielsweise Hülsenfrüchte. Der glykämische Index ist bei Hülsenfrüchten niedrig: Sie sättigen also gerade auch durch das Protein, lassen aber zugleich den Blutzuckerspiegel kaum ansteigen. Kombiniert mit frischem Gemüse in Olivenöl zubereitet, versorgen sie den Körper mit wichtigen Nährstoffen und sättigen gut. Zwischendurch eine Handvoll Nüsse, kombiniert mit Trockenfrüchten, z. B. im klassischen Studentenfutter, lässt einen gut und gesund durch den Tag kommen und erfolgreich laufen.

Menschen mit hoher körperlicher Aktivität, sei es beruflich und/oder sportlich, haben einen erhöhten Bedarf an

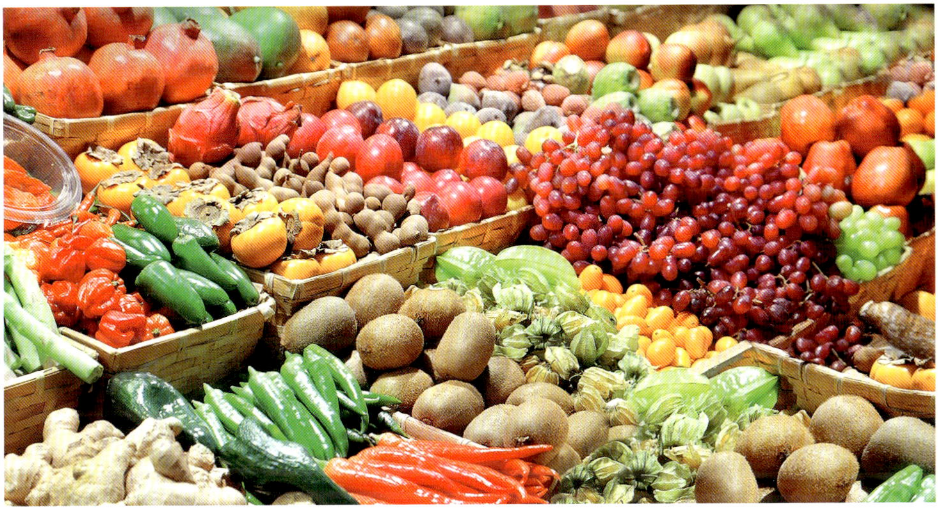

Eine reichhaltige Auswahl an Obst und Gemüse versorgt den Körper am besten mit Nähr- und Vitalstoffen.

Vitaminen, Mineralstoffen und Spurenelementen, genauso wie sie ja auch einen erhöhten Energiebedarf haben. Wenn dieser sinnvoll gedeckt wird, also durch gute und nährstoffreiche Nahrung, dann werden die benötigten Vitamine und Mineralstoffe automatisch auch vermehrt aufgenommen.

Unter besonderen Umständen, wie z. B. extremer Hitze, Kälte, Infektanfälligkeit, Reisen oder Diäten, kann es sinnvoll sein auf Vitaminpräparate zurückzugreifen. Diese sind allerdings kein Freibrief für schlechte oder unbewusste Ernährung. Sie können in einer bestimmten, beanspruchenden Situation Mangelzustände vermeiden helfen.

Grundsätzlich gilt daher, dass Nahrungsergänzungsmittel nie an natürliche Lebensmittel herankommen! Unser Körper kann nun einmal am besten die Nährstoffe aus natürlichen Lebensmitteln erschließen, was am hohen Gehalt von sekundären Pflanzenstoffen, den sogenannten bioaktiven Substanzen, liegt, die in den allermeisten Präparaten nicht vorhanden sind. Diese scheinen für die gute Aufnahme der Vitamine und Mineralstoffe in unserem Körper mit verantwortlich zu sein. Wenn auf solche Präparate zurückgegriffen wird – was, wie schon gesagt, durchaus sinnvoll sein kann – dann sollten diese aber dennoch durch frisches Obst und Gemüse ergänzt werden.

Wer sich nun unsicher ist, ob er einen eventuellen Mangel an Vitaminen und/oder Mineralstoffen hat, sollte sicherheitshalber anhand eines Blutbildes beim Arzt den derzeitigen Stand ermitteln. Es ist nicht sinnvoll bzw. kann sogar schädlich sein, einfach Vitamine zu sich zu nehmen, wenn man sie vielleicht gar nicht benötigt: Auch Vitamine können überdosiert werden.

Profi-Tipp

Vitamin- und mineralstoffreiche Ernährung ist ein Muss für alle Sportler! Zusatzpräparate sind nur bedingt sinnvoll.

Ernährung in verschiedenen Trainingsphasen

Trainingsphase, Vorbereitungsphase auf längere Läufe oder Wettkämpfe

Trailrunning ist ein Ausdauersport. Wir sind als Trailläufer im Training und im Wettkampf oft mehrere Stunden unterwegs und verbrauchen viele Kalorien. Zudem sind wir schon mal extremen Wetterbedingungen ausgesetzt. Lange Läufe, auch bei unwirtlicher Witterung, stellen eine besondere Herausforderung an unseren Körper dar. Ein gut funktionierendes Immunsystem basiert letztendlich auch auf sinnvoller Ernährung!

Massig Kohlehydrate? Nein, auch Fett!

Das Besondere am Traillaufen ist der ständige Intensitätswechsel durch wechselnden Untergrund und durch Abstiege und Anstiege. Wir sind als Trailläufer deshalb auf einen gut funktionierenden Fettstoffwechsel angewiesen, um auch längere Läufe gut meistern zu können und dazwischen auch den einen oder anderen Berg hochzusprinten – oder zumindest hochzusteigen. Durch lange Trainingsläufe im ruhigen Tempo und eine sinnvolle Ernährung können wir unseren Fettstoffwechsel trainieren und lernen so unsere begrenzten Glukosespeicher zu schonen, die wir dann bei steilen Anstiegen oder schnellen Sprints nutzen können.

Wie an vorangegangener Stelle schon beschrieben, sind Kohlehydrate und Fette unsere wichtigsten Energieträger. Was wann vermehrt verbrannt wird, liegt an der Intensität der Belastung und an unserem Trainingszustand. Durch Ausdauertraining steigt die Mitochondrienzahl in unseren Zellen, welche dann auch effektiver arbeiten. Bei ruhigem Tempo kann der Körper mit mehr Sauerstoff arbeiten und so mehr Fett verbrennen. Damit steigt auch die maximale Sauerstoffaufnahme.

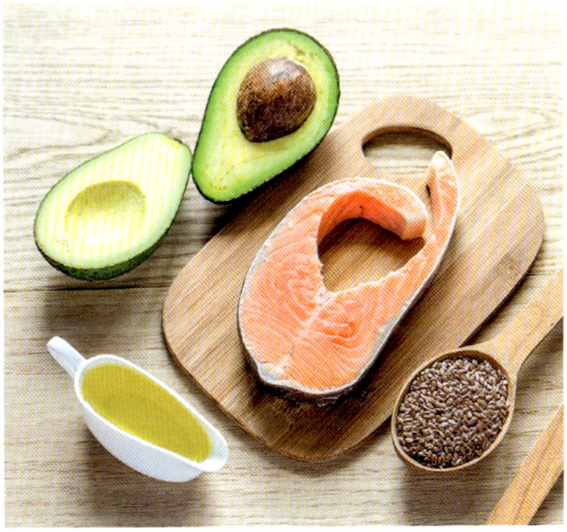

Hochwertige Fette sind eine wertvolle Energiequelle

Sinnvolle Ernährung

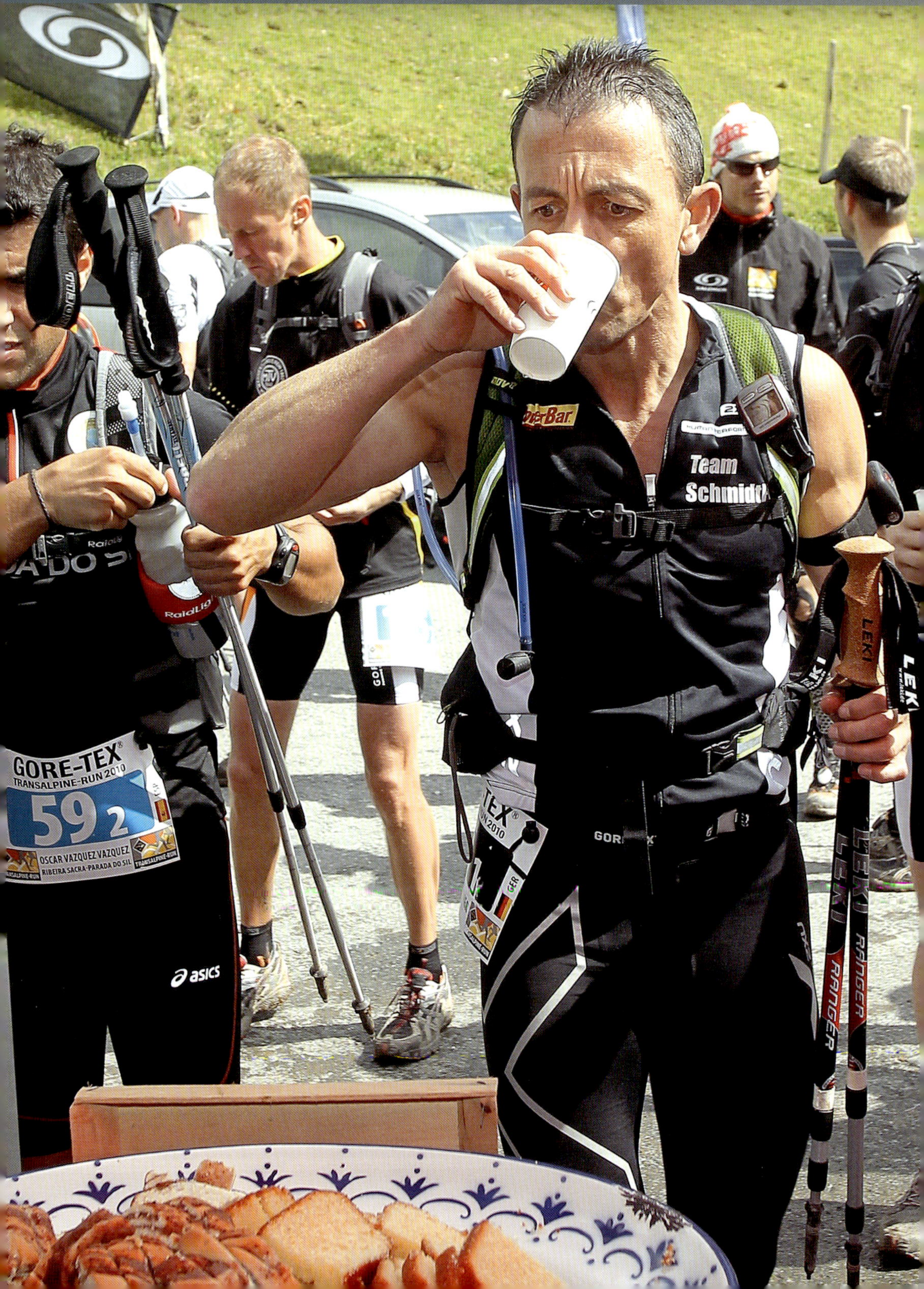

Nach neueren Studien wird dies durch eine eher fettbetonte Ernährung bei reduzierten Kohlehydraten (Prinzhausen-Prinzip[2]) begünstigt. Durch fettbetonte und kohlehydratreduzierte Ernährung können die muskulären Fettspeicher gefüllt werden und damit die Energiespeicher der Muskulatur nahezu verdoppelt werden.

Auch die Glukoseaufnahmefähigkeit der Muskulatur wird angeregt, wenn diese bei geringem Angebot arbeiten und dann wieder aufgefüllt werden muss. Der Transport von Glukose in die Muskulatur kann schneller erfolgen, was bei Anstiegen und Sprints sinnvoll ist. All das führt dazu, dass die Muskulatur bei extensiver Belastung weniger schnell ermüdet.

Nahrungsbedarf bei langandauernden Läufen

Um längere Trainingsstrecken zu absolvieren, ist es empfehlenswert – zumindest in den extensiven Trainingsphasen – den Energiebedarf zu 50 % aus Fetten, zu 30 % aus Kohlehydraten und zu 20 % aus Eiweißen zu decken. Entgegen dem altbekannten Ratschlag, besonders am Abend vor einem langen Lauf besonders viel Kohlehydrate (meist in Form von Nudeln) zu sich zu nehmen, ist es sinnvoller weniger Kohlehydrate, dafür aber mehr Fleisch, Fisch, Eier und Nüsse, neben Gemüse, Obst und Milchprodukte zu essen.

Auch sollten hochwertige Öle zur Zubereitung verwendet werden. Die Kohlehydrate sollten eher in komplexer Form verzehrt werden – in Form von Obst und Gemüse sind sie für den Körper anders erschließbar als beispielsweise als Nudeln oder Brot. Während langer Trainingsläufe sollten, je nach Trainingszustand, möglichst spät Kohlehydrate aufgenommen werden: Also nicht gleich beim ersten Hungergefühl essen, denn erst da schaltet der Körper auf Fettverbrennung um.

Je weiter wir diesen Punkt nach hinten verschieben können, desto intensiver können wir dann noch am Schluss der Einheit Energie aus unserem Fettstoffwechsel schöpfen. Wenn der Körper – gerade bei längerer, über mehrere Stunden dauernde Belastung – zu früh und zu oft mit Kohlehydraten versorgt wird, wird der Körper den Fettstoffwechsel nicht effizient einsetzen können. Dies sollte man aber in der Trainingsphase austesten und üben – im Wettkampf sollte man sicher kein Hungergefühl ignorieren.

Nahrungsbedarf bei kurzen, intensiven Läufen

Anders verhält es sich, wenn wir kurz und intensiv trainieren wollen. Bei Intervalltraining, Tempoläufen und Sprints stehen dann wieder die Kohlehydrate im Vordergrund. Brot, Nudeln, Reis, Obst, besonders Bananen und Trauben und Trockenfrüchte liefern schnell und effektiv Energie. Der Eiweißbedarf wird über Fleisch, Fisch, Eier und Milchprodukte gedeckt, kann aber auch durch sinnvolle vegane Ernährung, hier beispielsweise Sojaprodukte und verschiedene Nüsse und Nussmuse gedeckt werden. Schnelle Kohlehydrate, wie beispielsweise Kuchen, süße Limonaden und Energieriegel liefern auch zuverlässig Energie, sollten aber natürlich nicht ständig als Energiespender herhalten.

Bei intensiver Trainingsbelastung – beispielsweise beim Intervalltraining und bei Tempoläufen – verschiebt sich das Verhältnis wieder zu mehr Kohlehydraten. Das heißt, es sollten nur ca. 30 % Fett, 50 % Kohlehydrate und 20 % Eiweiß aufgenommen werden. Um die Glykogenspeicher zu füllen, sollte man schon einige Stunden vor der Belastung vermehrt Kohlehydrate aufnehmen.

Bei so viel vermitteltem Theoriewissen ist es dennoch gut zu wissen: Ein gesunder Körper sagt uns ganz von allein, was er braucht. Was für den einen gut und richtig ist, passt noch lange nicht für den anderen, deshalb sollte man auf sich und sein Bauchgefühl hören und auf die Signale unseres Körpers achten.

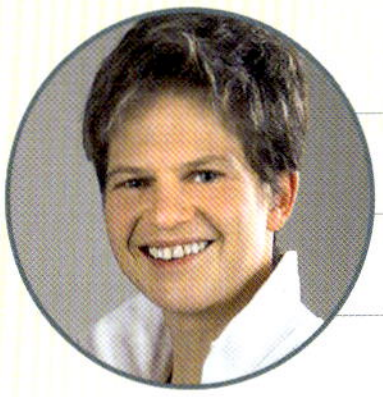

Urhunger

Es ist jedes Jahr das Gleiche: Kaum wird es wärmer und heller, begebe ich mich auf die Suche nach Futter. Und das quasi rund um die Uhr, ob ich Hunger habe oder nicht, ob ich gestresst oder gelangweilt bin, müde oder topfit.

Ich kann plötzlich meinen eigenen Hund verstehen. Eine sportliche Retrieverdame, die immer Angst vor dem plötzlichen Hungertod hat und deren Wunschgewicht deutlich höher ist als das tatsächliche. Dasselbe Phänomen tritt auf, wenn ich längere Zeit weniger trainiert habe und dann wieder mit den langen Läufen beginne. Ich beschäftige mich unbewusst rund um die Uhr damit, genügend Energie zu bekommen. Und das Tolle ist: Mein Körper signalisiert mir genau, was es sein soll. Ich muss nur auf ihn hören, manchmal muss ich ihn dann auch bei seiner Energiesuche bremsen. Sonst sieht meine Retrieverdame sportlicher aus als ich.

Nach ein paar Wochen hat sich mein Körper an die neue Gangart gewöhnt, weiß, dass er normalerweise genug bekommt, und hört auf, ständig nach Essbarem zu suchen. Dann spüre ich auch, dass mein Trainingszustand wieder okay ist. Eine Waage habe ich seit 10 Jahren nicht mehr betreten. Die Retrieverdame in mir schläft allerdings nie ganz. In Extremsituationen, wie besonders intensiven langen Läufen, Wettkämpfen oder bei besonderen Leistungen, fängt sie doch wieder an, leise zu knurren. Ein deutliches Zeichen, uns beiden einen extra „Knochen" zu gönnen.

Für alle Wettkampfambitionierten

Das Wichtigste in Stichpunkten vorab

- Gut gefüllte Glykogen- und Fettspeicher sind Voraussetzung für eine gute Leistung.
- Bei extrem langen oder gar Etappenläufen sollte man sich schon in der Woche vorher kalorienreicher ernähren.
- Nie etwas essen, was man nicht vorher schon im Training getestet und vertragen hat!
- Selbst wenn der Start sehr früh ist, sollte auf ein ausgewogenes, leicht verdauliches Frühstück nicht verzichtet werden.
- Die Versorgungsstationen liegen zumeist mehrere Stunden auseinander, deshalb unbedingt eigenen Proviant mitnehmen.
- Direkt nach der Belastung eine Kombi aus Kohlehydraten, Eiweiß und Fett zu sich nehmen, z. B. Kakao oder Studentenfutter, so steht der schnellen Regeneration nichts mehr im Weg.

Energieverbrauch bei Wettkämpfen

Wettkämpfe stellen nochmal eine besondere Herausforderung an den Körper dar, und je länger die Läufe sind, die wir absolvieren wollen, umso durchdachter muss die individuelle Ernährungsstrategie sein. Der Energiebedarf kann bei einem Ultratraillauf schon mal die 10.000-Kalorien-Grenze übersteigen. Auch bei Etappenläufen über mehrere Tage ist der Energiebedarf immens. Weniger Energie verbraucht im Vergleich dazu ein Teilnehmer eines 10-km-Straßenlaufs.

Gutgefüllte Glykogen- und Fettspeicher sind die Voraussetzung für eine gute Leistung. Zum sogenannten Carboloading gibt es viele Theorien und Meinungen. Am bekanntesten sind hierbei die vorher schon erwähnte Pastaparty am Abend vor einem Wettkampf oder einer Wettkampfetappe oder der Wechsel von totaler Ausschöpfung der Reserven und einer extrem kohlehydratreichen Ernährung zwei bis drei Tage vor dem Wettkampf (Saltin-Diät, Prinzhausen-Prinzip).

Ernährungsoptimierung

Wenn wir uns hinsichtlich eines Wettkampfs ernährungsmäßig umstellen wollen, dann müssen wir die Methode auf jeden Fall vorher austesten und ob unser Körper damit klarkommt. Bei Ultra- und Etappenläufen sollte man sich schon in der Woche vorher kalorienreicher ernähren – gesund und ausgewogen versteht sich von selbst. Der erhöhte Mineral- und Vitaminbedarf bei besonderen Belastungen (und Aufregungen) muss gedeckt werden.

Grundsätzlich gilt am Vortag wie am Wettkampftag selbst: nie etwas essen, was man nicht vorher bereits im Training getestet und gut vertragen hat. Das ist zu bedenken, gerade wenn wir irgendwo anreisen und auswärts essen.

Auch wenn der Start sehr früh am Morgen ist, sollte nicht mit leerem Magen gestartet werden. Optimal wäre ein nährstoffreiches, aber leicht verdauliches Frühstück mindestens zwei Stunden vor dem Start. Ca. 30 Minuten vor dem Start ist es sinnvoll, den Blutzuckerspiegel nochmals zu stabilisieren, etwa mit einem süßen Getränk oder einem Riegel. Während des Wettkampfs sollte dann rechtzeitig, d. h. ab ca. einer Stunde mit der Zufuhr von Kohlehydraten begonnen werden – dies ist gut durch kohlehydratreiche Getränke, Energiegel oder Früchte zu bewältigen. Als grobe Richtlinie sollten pro Belastungsstunde ca. 60 – 80 g Kohlehydrate, 1 Liter Flüssigkeit und 1 g Kochsalz zugeführt werden.

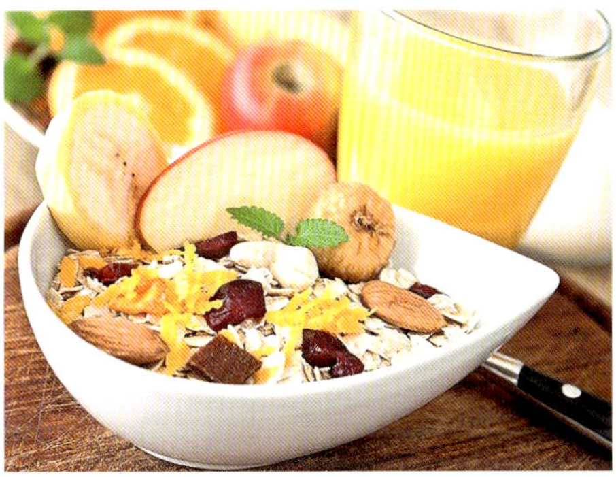

Ideal für einen guten Start in den Trail-Tag

So viel zur Theorie:
Gerade bei Ultra- und Etappenläufen können einem Gelees, Isogetränke und Powerriegel früher oder später schnell zum Hals raushängen und auch den Magen belasten. Bei längeren Läufen ist es zwar mal ganz nett, etwas Süßes zu essen, auf Dauer ist es aber unter Umständen schlecht verträglich und man mag den süßen, oft als künstlich empfundenen Geschmack nicht andauernd.

Gerade bei stundenlangen Läufen kommt es zu echtem Hungergefühl, das durch reine Kohlehydratzufuhr nur noch schwer zu dämpfen ist. Fett und Eiweiß (z. B. Studentenfutter, Brot mit Käse oder Wurst) helfen darüber hinweg, sind natürlich und sorgen für eine stabile Energiebereitstellung, auch über viele Stunden. Das darin enthaltene Eiweiß schützt weiterhin die Muskulatur. Doch auch hier zählen eigene (!) Erfahrungswerte!

Manche versorgen sich am liebsten mit belegten Broten, andere mögen eher etwas Süßes, das ist unterschiedlich. Ganz entscheidend ist natürlich auch die Witterung. Für Marika ist die Kombination von Wassermelone und gesalzenen Erdnüssen ideal und Cola und Schokolade an der letzten Verpflegungsstelle ein Fest! Um sicherzugehen, sollte man sich nicht ausschließlich auf die Verpflegungsstationen des Veranstalters verlassen, sondern im Training erprobte Verpflegung selbst mitnehmen, zu dem bei langen Wettkämpfen die Stationen mehrere Stunden weit auseinanderliegen.

Nach intensiven Trainingseinheiten oder nach dem Wettkampf

Innerhalb der ersten dreißig Minuten nach Beendigung der Trainingseinheit oder des Wettkampfs ist es ratsam, ein Gemisch aus Kohlehydraten und Eiweiß zu sich zu nehmen. Geeignet sind hier Kakao, Studentenfutter oder auch Brot mit Ei oder ein Regenerationsshake, der beide Komponenten enthält. Der Körper entwickelt mit zunehmender Lauferfahrung hier ein ganz gutes Gefühl, was er nach dem Laufen braucht. Darauf sollte man hören und sich nicht zurückhalten.

Die Energie wird der Muskulatur sofort zur Verfügung gestellt und wird für eine schnelle Regeneration benötigt. Aminosäuren helfen, den Muskelabbau zu stoppen. Aminosäuren sind in Eiweiß und somit auch in Nahrungsergänzungsmitteln enthalten. Alkohol jeglicher Art, also auch das Radler danach, verzögert allerdings die Regeneration, da die Leber sofort mit dem Alkoholabbau beschäftigt ist.

Trinken im Training und Wettkampf

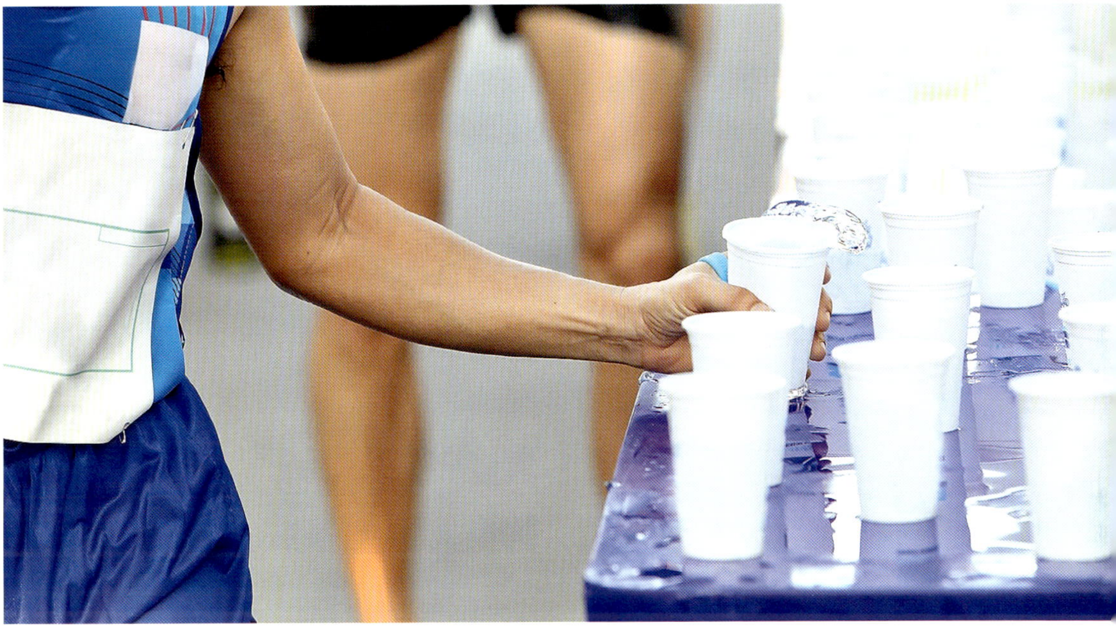

Ausreichend und maßvoll – der Körper braucht viel Flüssigkeit, wenn er große Leistungen vollbringt.

Ohne Wasser können wir nicht leben und schon gar keine körperliche Höchstleistung bringen. Wir bestehen hauptsächlich aus Wasser: Muskelzellen, Gehirn, Leber und die Haut sind besonders wasserreich. Jede Stoffwechselleistung verbraucht Wasser, das heißt, je aktiver unsere Muskelzellen sind, desto höher ist ihr Wasserbedarf und -gehalt.

Wasser hat im Körper eine wichtige Transportfunktion und hilft außerdem bei der Wärmeregulation. Der Flüssigkeitsverlust über die Haut und über die Atmung ist von vielen Faktoren abhängig. Bei normalen mitteleuropäischen klimatischen Verhältnissen verlieren wir 1 bis 1,5 l Flüssigkeit bei intensiver körperlicher Arbeit.

Neben dem Schwitzen wird bei gesteigerter Atmung vermehrt Wasser über die Lunge abgegeben. Auch bei großen Höhen steigt dieser Verlust an. Aus diesem Grund müssen wir rechtzeitig und ausreichend trinken, um unsere Leistungsfähigkeit zu halten. Das Durstgefühl stellt sich bei starken Beanspruchungen häufig erst dann ein, nachdem es schon zu ersten Leistungseinschränkungen gekommen ist. Deshalb sollten unabhängig von der körperlichen Belastung mindestens 2 Liter getrunken werden. Obst und Gemüse, die ebenfalls viel Wasser enthalten, sichern außerdem die Wasserbilanz.

Sportgetränke

Die Getränkerezepturen unterschiedlicher Hersteller sind vielfältig und eins soll wirksamer als das andere sein. Idealerweise liefert ein Sportgetränk gleichzeitig Kohlehydrate, die leicht und schnell verdaulich sind, sowie Mineralstoffe und Salz, um den Verlust durch das Schwitzen auszugleichen.

Der Markt an diesen Getränken ist riesig, aber was für das Essen gilt, ist bei der Getränkewahl noch viel wichtiger: Bei Wettkämpfen bzw. langen Trainingseinheiten sollte nichts zum ersten Mal probiert werden. Schon vorher sollten wir austesten, idealerweise bei einer ähnlich intensiven Einheit, ob uns das jeweilige Getränk zusagt und ob wir es gut vertragen.

Leitungswasser

Nichts spricht dagegen, ausschließlich mit naturbelassenen Getränken vorliebzunehmen. Marika, die eine erfahrene Trailläuferin ist, trinkt ausschließlich Leitungswasser, das bei großer Hitze mit etwas Salz (ca. 1–1,5 g pro Liter) angereichert wird. Bei Wettkämpfen greift sie auf Salztabletten, Magnesium und Energiegelees zurück; bei der letzten Verpflegungsstation zu Cola bzw. Gemüsebrühe, Letzteres besonders bei kalten Temperaturen.

Tee und Gemüsebrühe

Im Winter sind heißer Tee oder eine leichte Gemüsebrühe gut, zumal einfaches Wasser schon einmal im Laufrucksack einfrieren kann.

Tipps

Auch beim Trinken sollte man lernen, auf das Durstgefühl zu achten. Viele Menschen sind durch die immer wiederkehrenden Ratschläge, doch bloß ausreichend zu trinken, so verwirrt, dass sie vor und im Wettkampf viel zu viel trinken und dadurch quasi innerlich ertrinken. Durch zu viel Wasser verändert sich der Mineralstoffgehalt in den Zellen, das bedeutet, auch der Salzgehalt der Zellen kommt aus dem Gleichgewicht. Es kann dadurch zu Natriummangel kommen, der neben anfänglichen Krämpfen auch zu einem ernsten medizinischen Notfall werden kann!

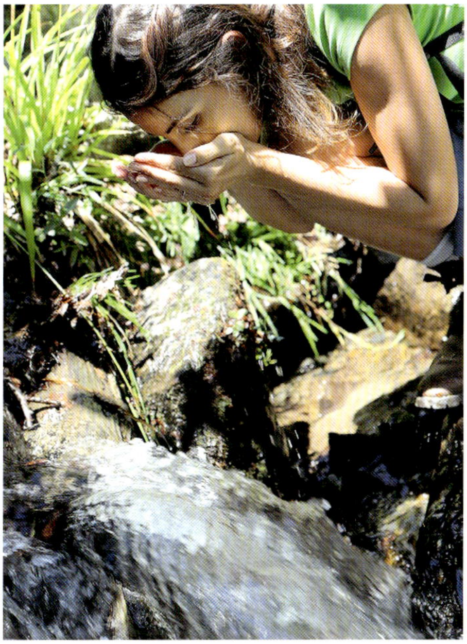

Frische Quellen liefern neue Energie.

Das Trinken und das Trinkverhalten sollte also auch bewusst im Training beobachtet bzw. trainiert werden. Hier sind die Bedürfnisse unterschiedlich und nicht durch pauschale Empfehlungen über einen Kamm zu scheren. Unser eigener Körper sagt uns jedoch schon genau, wann er was benötigt – wie auch beim Essen.

Zur Wärmeregulation gibt es neben dem Trinken auch andere einfache Tricks: Bei Hitze sollte jeder Schattenflecken genutzt werden. Wasser, das man sich über den Kopf bzw. in den Nacken und auf den Handgelenke laufen lässt (bei jedem Brunnen), hilft dem Körper runterzukühlen.

Wenn es sehr heiß ist, sollte auch auf leichte Kleidung geachtet werden – notfalls muss man Wechselkleidung mitnehmen, wenn man beispielsweise sehr früh, wenn es noch kalt ist, losläuft.

Ernährung in der Regenerationsphase

... bei einer Verletzung oder generell in der lauffreien Zeit

In der wettkampffreien oder eventuell sogar lauffreien Zeit braucht der Körper deutlich weniger Energie und vor allem weniger Kohlehydrate. Der Energiebedarf sollte durch eine geschickte Fettauswahl und einen hohen Eiweiß- und Ballaststoffanteil gedeckt werden. So ist gewährleistet, dass wir unser Gewicht halten können und eventuelle Heißhungerattacken erst gar nicht auftreten.

Wer als Läufer in einer trainingsreduzierten oder trainingsfreien Zeit sein Gewicht noch reduzieren möchte, kann seinen auf intensive Bewegung ausgerichteten Stoffwechsel beeinflussen, indem man die Muskulatur durch Krafttraining trainiert, denn jedes Gramm Muskulatur steigert 24 Stunden lang die Stoffwechselrate. In dieser Phase bietet sich eine Ernährung nach dem LOGI-Prinzip an (Low glycemic and insulinemic; www.logi-methode.de).

Die Kohlehydrate sollten möglichst komplex sein, d. h. aus mehreren Zuckermolekülen bestehen. Der Körper braucht längere Zeit, um diese aufzuspalten und somit wird ein rasanter Insulinanstieg verhindert. Bei einem starken Insulin-

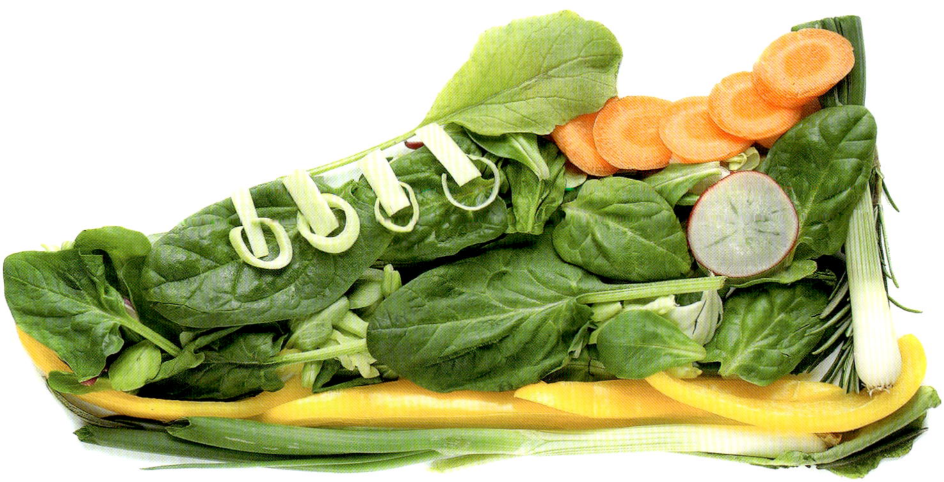

Eine ausgewogene Ernährung ist in der trainingsfreien Zeit sehr wichtig.

anstieg kommt es anschließend zu einem raschen Blutzuckerabfall und der Körper reagiert mit Heißhunger auf neuen Zucker. Außerdem hemmt das Insulin die Fettverbrennung und den Muskelaufbau, wenn diese nicht ausreichend arbeiten. Komplexe Kohlehydrate sind stärke- und ballaststoffreich und machen so länger satt. Nicht nur Vollkornprodukte, Kartoffeln und Nudeln können den Kohlehydratbedarf decken, sondern auch Gemüse und Obst.

Ein hoher Obst- und Gemüseanteil in unserer Nahrung deckt den Bedarf an Vitaminen und Mineralien und liefert außerdem Antioxidantien. Wer dann noch darauf achtet, möglichst „farbenreich" zu essen, also buntes Obst und Gemüse, sichert sich so eine komplette Nährstoffversorgung und hält so auch sein Immunsystem fit.

Daneben sollte viel eiweißreiche Nahrung verzehrt werden: Fisch, Fleisch, Milchprodukte, Nüsse und Hülsenfrüchte, auch Sojaprodukte für all die, die kein Fleisch essen. Bei den Fetten sollte man verstärkt auf einfach ungesättigte Fettsäuren zurückgreifen, auf Pflanzenöle sowie auf magere tierische Fettquellen und die Omega-3-Fettsäuren aus fettem Fisch wie Lachs, Thunfisch und Makrele. Hieraus bezieht der Körper auch das am leichtesten verwertbare Eiweiß.

Profi-Tipp

Zur weitergehenden Lektüre sind folgende Bücher empfehlenswert:

- Prof. Dr. Hamm: Powerfood für Spitzenleistungen. 2001.
- Jan Prinzhausen, Martina Herget: Das Prinzhausenprinzip: Die Ernährungsstrategie zur Leistungssteigerung im Ausdauersport. 2009.

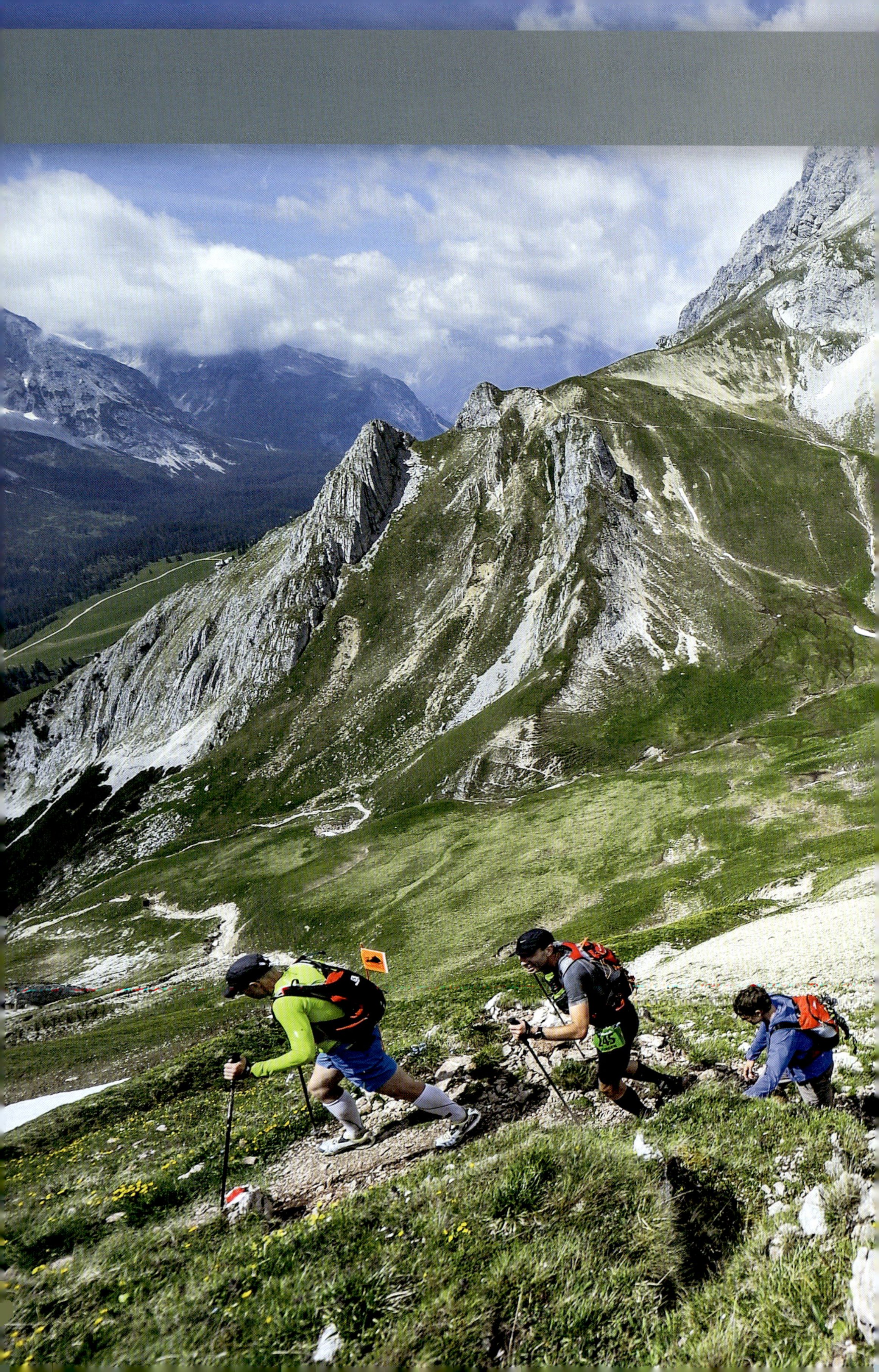

Wettkämpfe

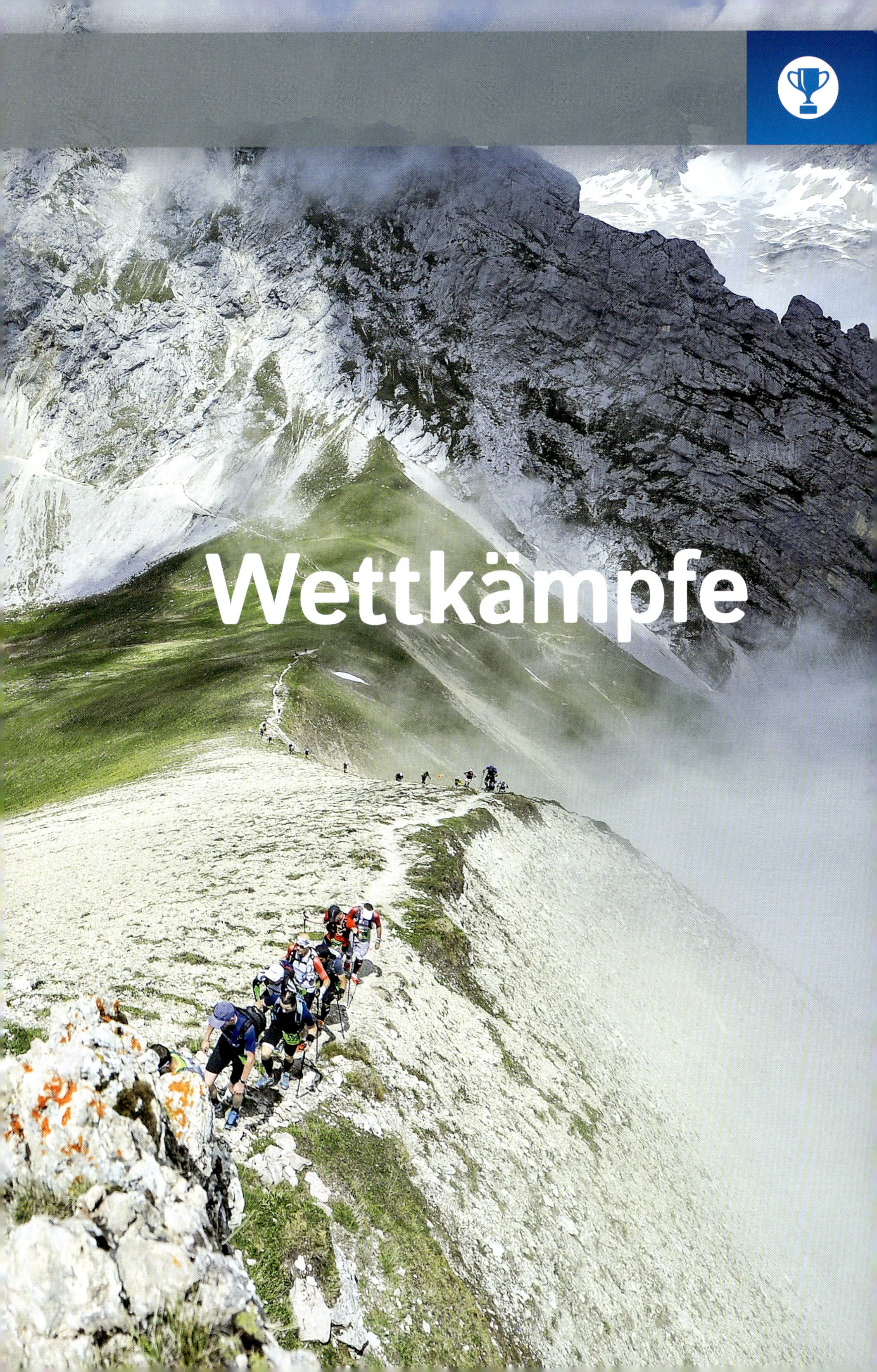

Wettkämpfe? Wettkämpfe!

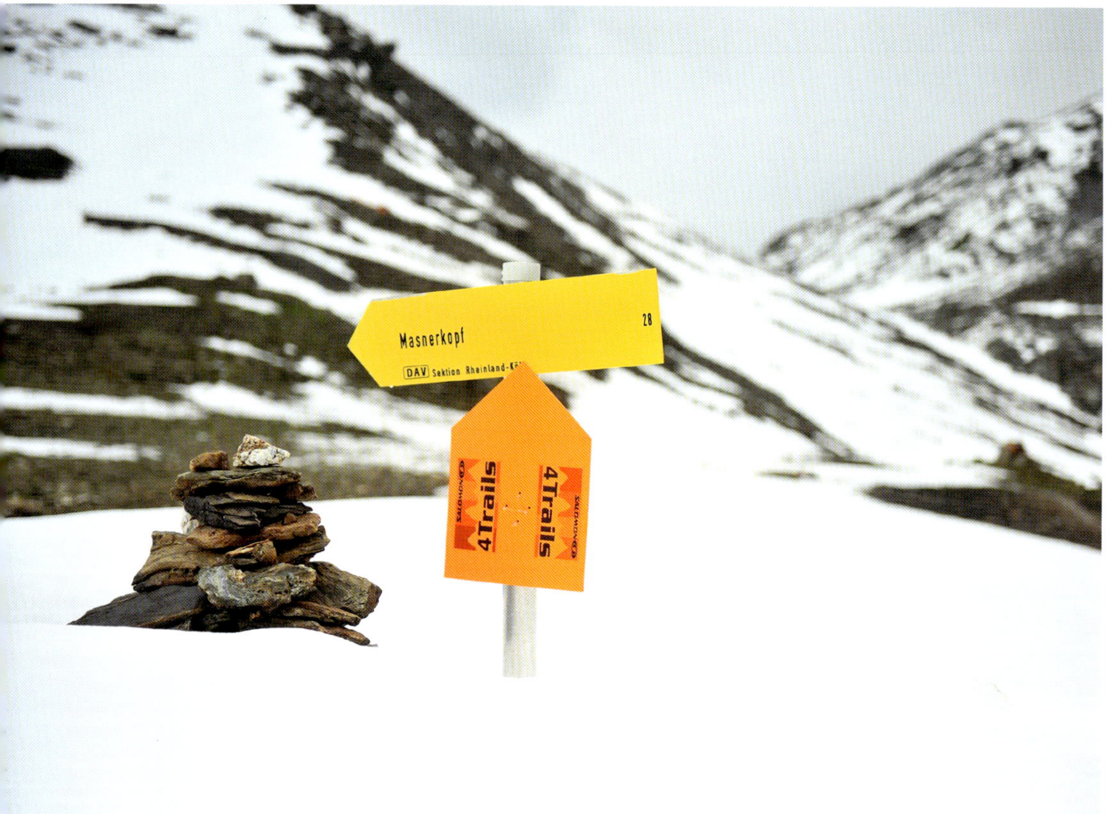

Neuschnee beim 4Trails 2014

Auch wenn wir zum Spaß laufen und mancher am liebsten für sich allein durchs Gelände streift, so sind Wettkämpfe doch etwas Besonderes und können eine echte Abwechslung und Bereicherung sein. Eine Herausforderung lohnt sich immer.

Inzwischen gibt es zahlreiche Veranstaltungen in ganz Deutschland und weltweit. Selbst wenn der momentane Trend zu immer längeren Strecken geht, so werden bei den entsprechenden Wettkämpfen zumeist auch kürzere Strecken angeboten, an denen man teilnehmen kann. Es muss also nicht gleich der 100-km-Ultralauf sein.

Schon allein wegen der Trainingsmotivation, auch mal bei nicht so tollem Wetter zu laufen, im Winter, oder auch aus vermeintlichem Zeitmangel, lohnt sich die Anmeldung zu einem Traillaufwettkampf. Manchmal muss man sich einer besonderen Herausforderung stellen, um an seine Grenzen – mental wie physisch – zu kommen: eine Erfahrung, von der man auch im Alltag profitieren kann.

Angst muss niemand haben: Je länger die Strecke, umso entspannter ist die Stimmung – das ist die Erfahrung von Marika. Die Schnellsten machen den Wettkampf unter sich aus, alle anderen wollen nur in annehmbarer Zeit ankommen.

Gerade wenn man einmal in den hohen Bergen oder in anderem anspruchsvollen Gebiet laufen möchte, sind lange Touren allein schwer zu meistern. Da bieten die Wettkämpfe schon allein wegen der Streckenmarkierung und der Verpflegung oft die sicherste Variante.

Wer erst einmal nur reinschnuppern will, muss sein Laufjahr nicht akribisch gut durchplanen. Die Streckenlänge, das Höhenprofil und den Untergrund sollte man kennen und sich am besten so vorbereiten. Ob es eine Pflichtausrüstung vonseiten des Veranstalters gibt, sollte vorher abgeklärt werden.

Wen das Wettkampffieber gepackt hat, der sollte zumindest eine grobe Jahresplanung ins Auge fassen. Ein bis zwei Wettkampfhöhepunkte reichen und dementsprechend sollte man seine anderen Wettkämpfe, Trainingslager, langen Läufe und eventuell seine lauffreien Zeiten planen. Beruflich intensive Zeiten, Familienzeiten etc. sollten berücksichtigt werden, um nicht in Stress zu geraten. Das Ganze soll ja Spaß machen! Dazu gehört auch, dass wir versuchen sollten, ein gesundes Mittelmaß zwischen Trainingsplanerfüllung und lustvollem, spontanem Laufen zu finden.

Genau darum geht es auch, wenn wir uns zu einem Wettkampf entschlossen haben und darauf hinarbeiten: Das tolle Gefühl, draußen unterwegs zu sein, neue Pfade zu erkunden, die Natur und die Jahreszeiten intensiv zu erleben, sollte nicht vergessen und immer wieder erlebt werden können. Nicht jeder muss bei Wettkämpfen mitlaufen. Das Schöne am Traillaufen ist ja, dass es fast überall möglich ist und dass wir spontan loslaufen können und mit etwas Erfahrung immer wieder über unsere Umgebung und unsere eigene Lauffähigkeit, Ausdauer und Kraft zu staunen.

Bei einer Wettkampfvorbereitung und dem „Hinlaufen" zu einem Wettkampf können wir wiederum viele neue Dinge lernen und unseren Horizont erweitern. Man muss dann eben auch das einmal mehr üben, was man nicht so gerne macht oder gut kann: Der eine kommt mit den Stöcken nicht so ganz klar, sollte aber dennoch welche einsetzen können, der andere muss vielleicht das schnelle Bergablaufen trainieren, was ihm nicht so liegt.

In der Trainingsplanung macht es deshalb Sinn, auch lange Läufe (über 30 km) und eventuell auch Wanderungen mit einzuplanen. Wichtig hierbei ist, dass mit der gesamten Ausrüstung, die verlangt wird, trainiert wird, um uns auch daran zu gewöhnen.

Genauso wichtig wie das aktive Training sind aber auch die Regenerationszeiten! Statt verkopfter, strenger Planerfüllung kann man ruhig auch einmal die Füße hochlegen und von den nächsten Trails träumen. Auch hier sagt unser Körper uns zuverlässig, wann wir mal eine Pause brauchen, und wir lernen zu entscheiden, ob es sich hier nur um eine mentale Sperre handelt und wir eigentlich sehr wohl laufen könnten oder ob wir wirklich eine physische Pause brauchen.

Detaillierte Wettkampfplanung ist sehr individuell und an dieser Stelle irgendwelche Trainingspläne aufzustellen, ginge zu weit. Grob gesagt: Die Vorbereitung auf einen Wettkampf ist natürlich maßgeblich abhängig von der Strecke, die wir erlaufen wollen. Handelt es sich um einen Ultralauf von über 100 km? Oder wollen wir bei einem kurzen Skyrace oder einem Berglauf teilnehmen, der die Marathondistanz nicht überschreitet? Ein Etappenlauf, der sich über mehrere Tage erstreckt, stellt natürlich wieder ganz andere Anforderungen an uns und damit auch an die Vorbereitung.

Wer nicht das Glück hat, in den Bergen oder in oder nahe eines Mittelgebirges zu wohnen und damit Traumtrails vor der Haustüre zu haben, der muss natürlich mehr logistischen Aufwand betreiben. Aber auch das ist eine Sache des Erfindungsreichtums und der Planung. Die Trails, auch in der Stadt, sind vor der Haustür zu finden. Die Herausforderungen können hier Treppen und andere Hindernisse sein. In einigen Städten finden mittlerweile sogenannte Citytrails statt, auch Indoortrailrennen werden angeboten.

Besonders wenn es unser Alltag nicht immer zulässt, regelmäßig zu trainieren, oder wir eine relativ lange Anfahrt in

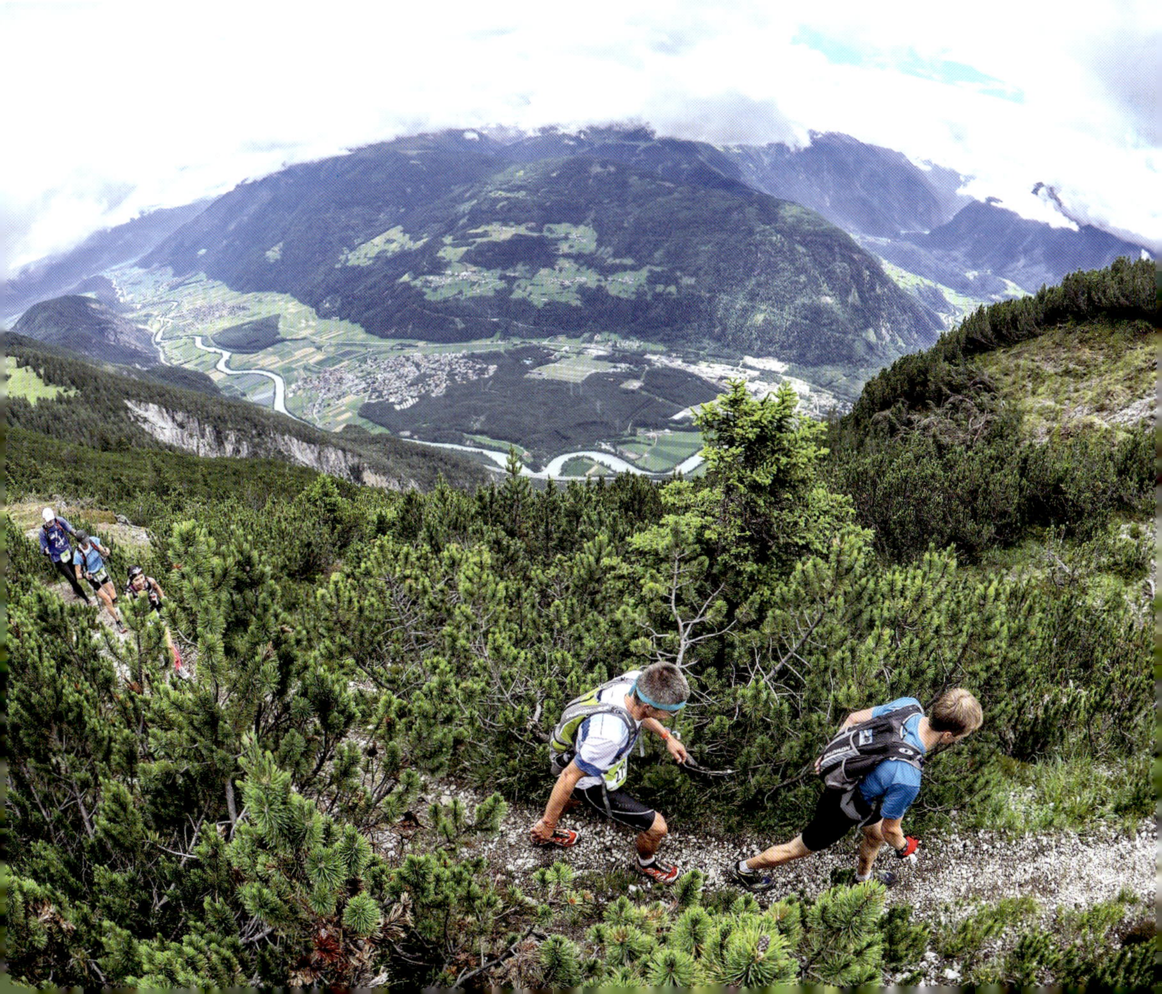

geeignetes Gelände haben, macht es Sinn, als Vorbereitung ein „Trainingslager“ in den Bergen zu besuchen. Auch als Flachländler kann man dort auch mal richtig Höhenmeter am Stück machen. Der manchmal dichte, belastende Alltag mit Termindruck fällt weg und wir können uns einige Tage ganz gezielt nur aufs Laufen konzentrieren, uns auf die Höhe in den Bergen einstellen und das Laufen in alpinem Gelände trainieren.

Auch Trailseminare werden vermehrt angeboten, die den Einstieg erleichtern, Fragen beantworten und einem erfahrene Trailläufer mit Tipps und Begleitung zur Seite stellen.

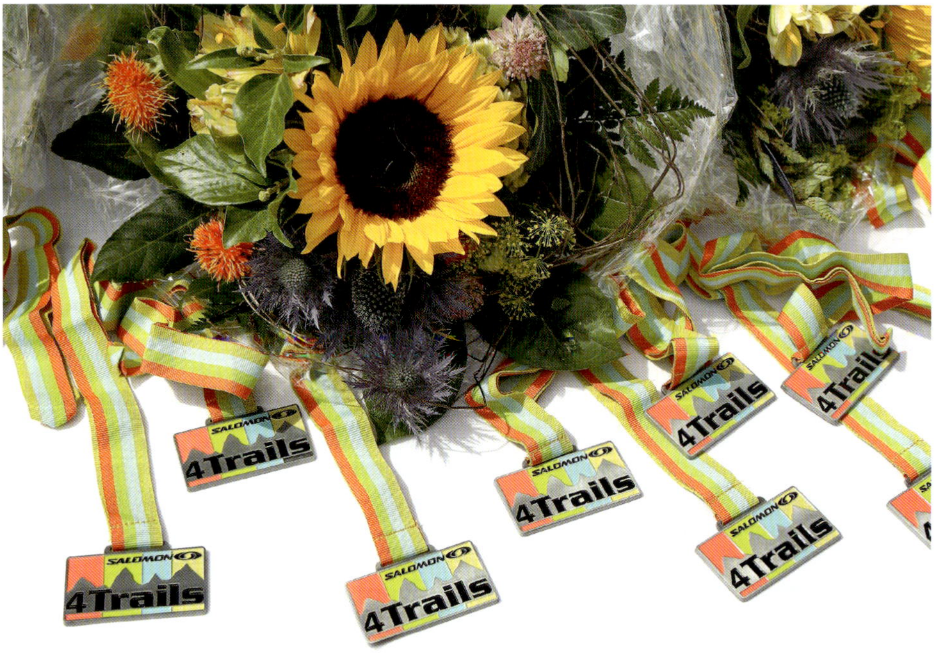

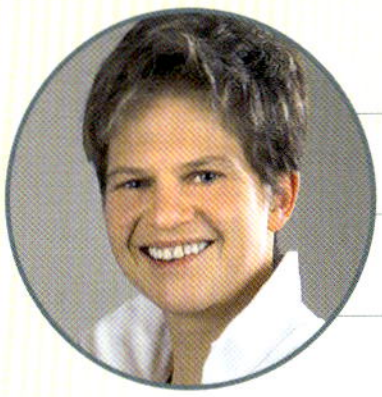

Tag 1: Garmisch-Partenkirchen – Ehrwald
(4Trails 2014)

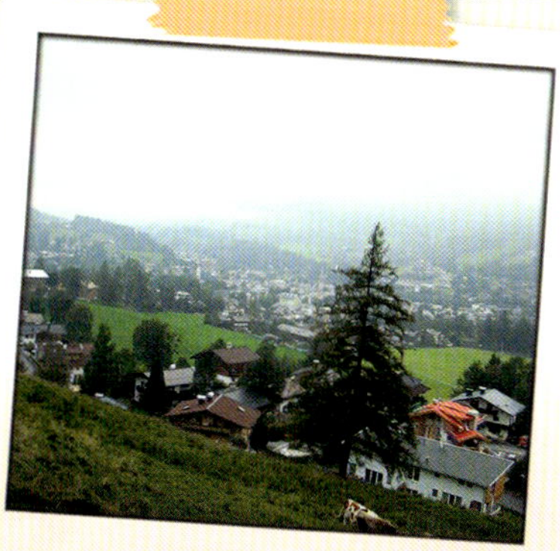

Hält das Wetter?

Endlich geht's los!
Nachdem es seit Montagabend in Strömen geregnet hat und ich lange mit mir gerungen habe, überhaupt anzutreten, ist es Erleichterung pur, als der Startschuss endlich fällt. Der Adrenalinspiegel ist hoch, noch höher der Puls, aber am höchsten ist das Tempo, das das Teilnehmerfeld auf den ersten Kilometern vorlegt.

Als laufender Dieselmotor tödlich für meine Beine, aber ich bleibe relativ gelassen. Ich kenne die Strecke, sechs Aufstiege liegen vor uns, da reguliert sich das Tempo von allein. So finde ich dann auch ab dem ersten Anstieg bei ruhigerem Tempo ins Rennen, kleine Unterbrechung, da ich die Regenjacke wieder einpacken muss.

Nachdem wir auch den ersten Asphaltdownhill hinter uns haben, fange ich an, mich richtig wohl zu fühlen. Meine anfangs schweren Beine freuen sich über die Trails, vor allem bergab. ...

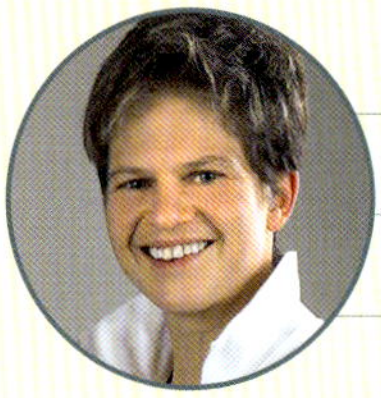

Tag 2: Ehrwald – Imst, 38 km
(4Trails 2014)

Der zweite Tag beginnt trocken und für uns sehr komfortabel, da wir nur 100 m bis zum Start laufen müssen. Die Stimmung am Start ist relativ entspannt, alle sind erleichtert über das Wetter und wohl auch über die verkürzte Strecke (wegen Neuschnee). Müde Gesichter prägen das Bild, aber die Stimmung morgens hat etwas Besonderes. … Die Strecke hat es auch ohne Grünsteinscharte in sich, immerhin noch 2500 Hm auf zwei Gipfel verteilt. Respekt hat da jeder. Die Aufstiege gehen teilweise fast senkrecht durch den Wald, ich verfluche meine kurzen Beine und mein Knie beschwert sich fürchterlich. Der erste Downhill ist toll. Ich überhole viele, laufe locker, fühle mich wohl. Wurzelige Trails sind mein Ding!

Der zweite Aufstieg ist endlos! Auf dem Höhenprofil ist nicht erkennbar, aus wie vielen Gipfeln er eigentlich besteht, und irgendwann marschiere ich einfach nur noch hoch und wundere mich schon gar nicht mehr, dass sich die Läuferkette vor mir schon wieder auf den nächsten Hügel hochkämpft. Der Frust, die Erschöpfung mischt sich mit Euphorie über die tolle Strecke, die zunehmend alpiner wird. … Meine Beine laufen, ich bin oft auch mal allein auf der Strecke und habe richtig Spaß. Merke, dass ich eine passable Zeit laufe und dass ich endgültig ins Rennen gefunden habe. …

Zieleinläufe sind immer toll: Emotionen pur, egal, wie es gelaufen ist.

... Es regnet nicht, ich verspüre fast eine Vorfreude auf den dritten Tag, zumal jetzt angeblich der Sommer wiederkommen soll und die Strecke relativ kurz ist. Toll auch heute die Stimmung unter den Läufern. So allmählich bewegt man sich in einem Kreis der gleichen Läufer, die man mal überholt, mal vorbeilässt, sich gegenseitig bemitleidet und sich auch einfach mal über Alltägliches unterhält. Mir tut das manchmal sehr gut, gerade wenn es schwer ist, da ich mich oft bei ganz schwierigen Abschnitten in meine Erschöpfung reinsteigere. Die Unterhaltungen sind oft komisch, enden oft abrupt, schließlich ist es doch ein Rennen. Auch nette Kommentare oder auch mal das Lob anderer Läufer machen die Beine plötzlich wieder ganz leicht.

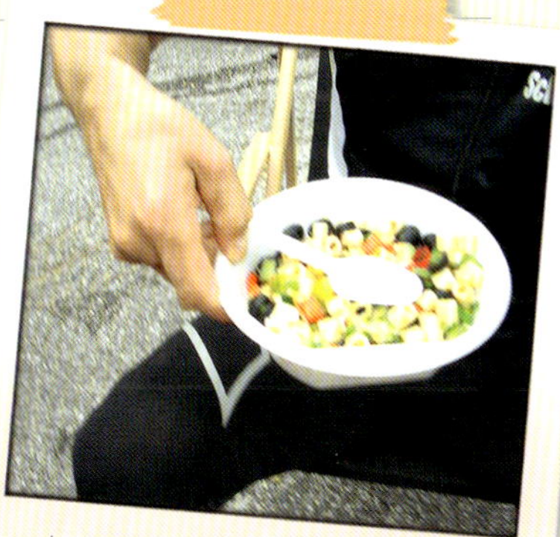
Hochwertige Stärkung zwischendurch

Die Organisation klappt perfekt, die Verpflegungsstationen funktionieren auch mit unseren neuen faltbaren Trinkbechern, die ich nie benutze und damit umso schneller an der Verpflegung vorbei bin. Merke allerdings auch, dass ich aufpassen muss, auch aus meinem Rucksack mal was zu trinken und zu essen. Ich fantasiere auf der Strecke oft, was ich mir abends gönne und bleibe dann doch immer beim selben Konzept. Bin fasziniert über den funktionierenden Körper.

Wie werde ich schneller?

Auch wenn Trailläufer nicht so akribisch nach Zeittabellen und km/h-Schnitt laufen, geht es bei einem Wettkampf natürlich schon darum, die Strecke so schnell wie möglich zu bewältigen. Die üblichen km/h-Durchschnittszahlen verlieren aber schnell an Bedeutung, wenn Höhenmeter ins Spiel kommen. Die Steuerung nach Herzfrequenzwerten gestaltet sich ebenfalls als schwierig.

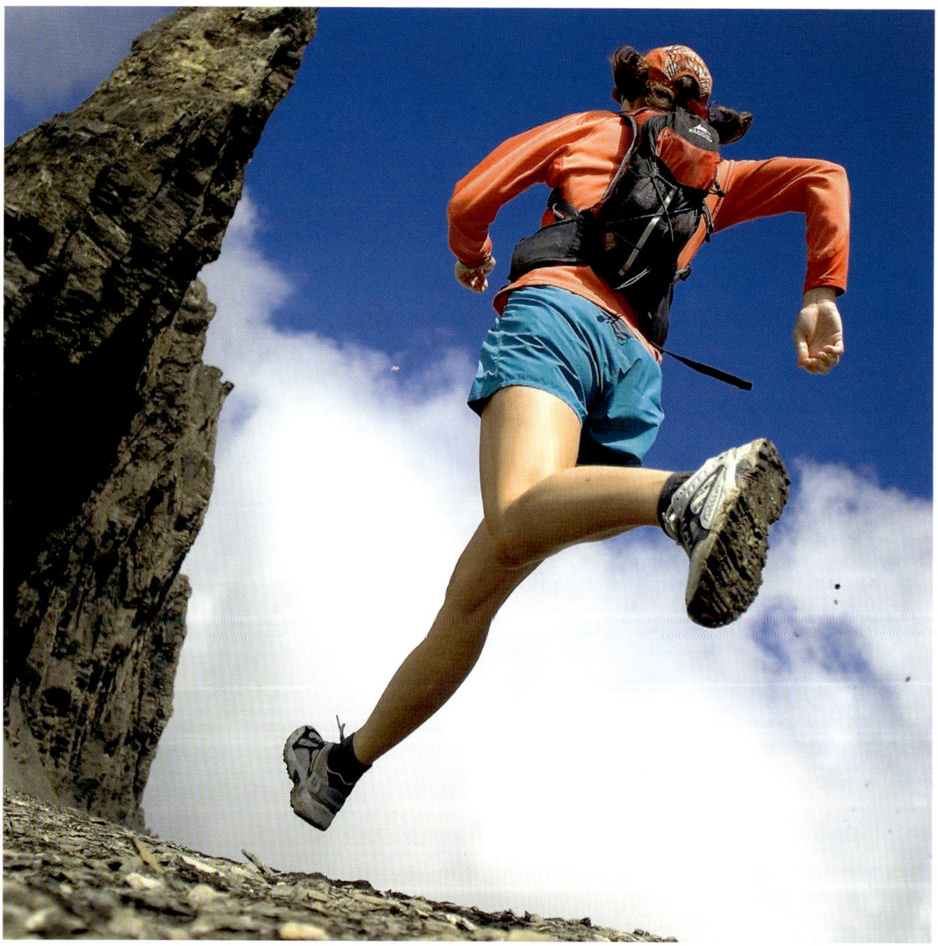

Um schneller laufen zu können, muss man im Training auch schneller laufen, das ist logisch.

Wenn wir mal mit einem schnelleren Laufpartner unterwegs sind, kommen wir aus unserem eingefahrenen Lauftrott ganz automatisch raus und passen uns dem schnelleren Tempo unseres Mitläufers an – natürlich darf er nicht zu schnell sein.

Intervalltraining

Das Intervalltraining auf der Bahn im Stadion oder auf der Straße ist zwar den meisten Trailläufern ein Graus, aber auch eine Möglichkeit, seine Grundschnelligkeit zu erhöhen und bei passenden Intervallen auch die Sprintfähigkeit zu steigern. Damit kann auch bei langen Läufen im erschöpften Zustand noch das Tempo gehalten werden.

Fahrtspiel

Das Fahrtspiel ist auch im Gelände zu bewerkstelligen und eine gute Möglichkeit, das Tempo zu steigern: Hier werden auf einer beliebigen Laufstrecke immer wieder Abschnitte schneller gelaufen (bis zur nächsten Hütte, bis zur nächsten Kurve etc.). Zu zweit macht das besonders viel Spaß.

Sprints

Auch Sprints am Berg sind sehr effektiv: Wir rennen einen Berg 100 m so schnell wie möglich hoch, traben gemütlich runter, um dann gleich wieder hochzurennen.

Tempodauerlauf

Ein Tempodauerlauf sollte schnell und hart sein: Auf einer kürzeren Strecke laufen wir durchweg deutlich schneller als unser übliches Trainingstempo.

Diese Trainingsformen steigern unser Tempo, sind aber gleichsam deutlich intensiver in der Belastung. Die Gefahr von Übertraining und Überlastungserscheinungen ist relativ hoch. Gutes Aufwärmen und lockeres Auslaufen schützen vor Verletzungen, machen leistungsfähiger und sind wichtig für die Regeneration.

Wie laufe ich länger?

Wenn wir uns fürs Thema Trailrunning interessieren, können wir den zunehmenden Trend zu „Ultratrails", d. h. Strecken, die länger als eine Marathondistanz sind, beobachten. Solche langen Läufe werden nahezu jedes Wochenende irgendwo veranstaltet.

Immer mehr solcher Läufe finden nicht mehr ausschließlich auf Forststraßen und ausgebauten Wegen statt und werden immer „trailiger". Selbst wenn solche Distanzen für einen selbst vielleicht in weiter Ferne liegen, wollen viele Läufer eigentlich oftmals länger laufen, als sie es derzeit machen. Es sind im seltensten Fall körperliche Ursachen, die uns daran hindern, längere Strecken zu laufen.

Strategien, um sich zum Längerlaufen zu motivieren

Dauer

Der wichtigste Faktor ist natürlich die Zeit. So sollte man sich keine Kilometervorgaben machen, sondern eher erst einmal Zeitziele setzen, z. B. sich vornehmen, einmal drei Stunden unterwegs zu sein, bei denen man auch mal zwischendurch langsam machen darf, streckenweise geht und die Natur genießt. Einplanen sollte man hierbei unbedingt einen Zeitpuffer, um nicht in Stress zu geraten, falls man sich doch mal verläuft oder die Strecke falsch eingeschätzt hat und um sich von der ungewohnten Belastung zu erholen. Ein direkt anschließender Geschäftstermin ist da ein Motivationskiller.

Streckenplanung

Einfacher macht man es sich, wenn man vorher grob die Strecke plant und mit einer guten Karte (1:25000) losläuft. Die meisten von uns sind keine hemmungslosen Abenteurer, die den ganzen Tag Zeit haben, und laufen lieber „verlaufsicher". So hat man auch die Möglichkeit, die Strecke eventuell doch abzukürzen oder eine Extra-Schleife anzuhängen.

Neues Gelände erkunden

Eine tolle Möglichkeit ist es auch, sich von netten Freunden oder dem Nahverkehr an einen Ausgangspunkt bringen zu lassen und dann heimzulaufen. Eine Verabredung in einem netten Café

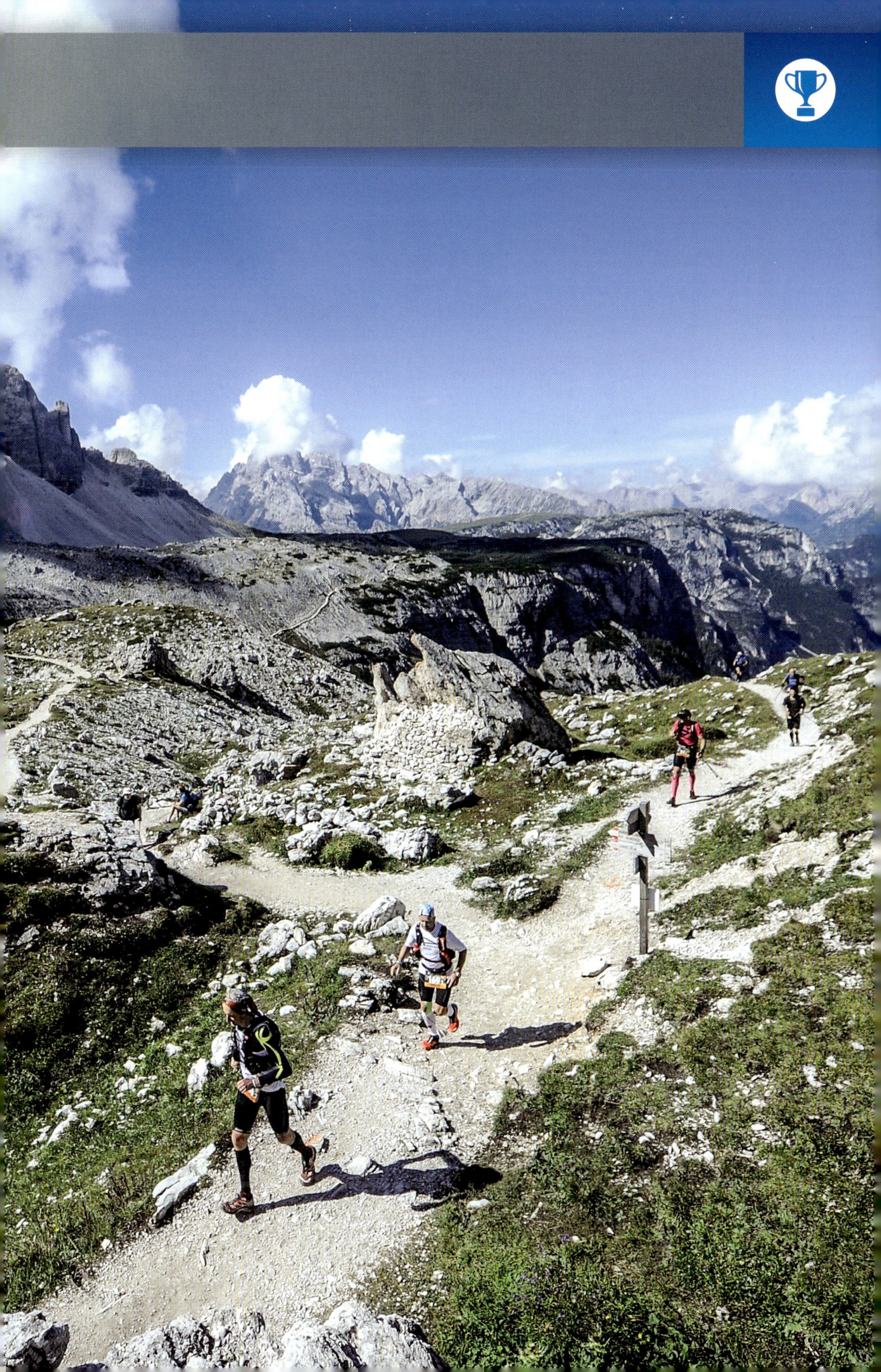

oder im Biergarten kann auch motivierend sein, einmal eine längere Strecke zu diesem Ziel auszuprobieren.

Ein guter Anfang ist es, sich einmal von der gewohnten Hausrunde zu verabschieden und womöglich in ganz neuen Gebieten zu laufen oder die gewohnte Hausrunde zu erweitern und einfach mal den Weg weiter oben zu nehmen: Wo führt der eigentlich hin? So kann die nächste Umgebung neu entdeckt werden. Das Wanderwegenetz ist riesig, dank GPS und/oder Karte ist alles gut planbar, nur loslaufen muss man.

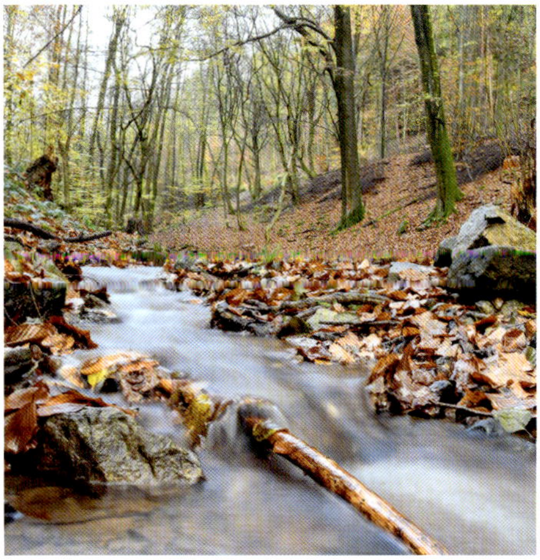

Öfter einmal die gewohnten Wege verlassen und neue Grenzen definieren

Zusammen mit Gleichgesinnten

Mit einem Laufpartner gemeinsam macht das Traillaufen oftmals mehr Spaß, ist sicherer und man zieht sich gegenseitig mit. Allerdings sollte er entweder ungefähr das gleiche Trainingsniveau wie man selbst haben oder sehr entspannt sein …

Der mentale Aspekt

Traillaufen ist auch eine mentale Übung – das gilt besonders, wenn wir anfangen, längere Strecken zu laufen: Oftmals haben wir genau an dem Punkt einen Motivationsknick, an dem wir normalerweise aufhören zu laufen. Wir müssen uns eben körperlich und mental langsam an längere Belastungen gewöhnen, das ist ganz normal.

Wenn wir längere Läufe planen, sollten wir uns darauf einstellen, es langsam anzugehen! Dafür laufen wir ja auch viel länger: Gehpausen sind völlig okay, selbst wenn ich zunächst mehr wandere als laufe. Immer wieder einmal rechtzeitig eine Pause einzulegen, etwas zu trinken und zu essen ist sinnvoll und motivierend. So lernen wir auch, besser und ökonomischer mit unserer Energie umzugehen.

Aber Achtung: Nach unserer Erfahrung ist es nicht sinnvoll, sich irgendwo lange hinzusetzen oder auch nur länger stehenzubleiben, es sei denn, es geht danach bergab oder ist so steil, dass man sowieso gehen wird. Der Kreislauf fährt runter und die Beine werden schwer. Die Verlockung, ganz aufzuhören, ist groß.

Bei langen Läufen erscheinen einem manchmal Minianstiege gegen Ende wie Gipfelbesteigungen. Tröstlich zu wissen, dass auch das ganz normal ist. Solche Anstiege kann man dann mit einem Mix aus zügigem Gehen und Laufen bezwingen. Wenn man eine Strecke von ca. 40 km plant, kann man ja versuchen, die letzten 10 km mit möglichst attraktiven Trails zu gestalten, um nicht die letzten anstrengenden Kilometer auf Asphalt oder einer Forstautobahn zubringen zu müssen.

Wie alles andere auch ist der Rest einfach Trainingssache! Wir können uns ohne Weiteres langsam an längere Strecken gewöhnen.

Ausrüstung für längere Läufe

Bei einem Lauf bis zu zwei Stunden braucht man eigentlich nichts weiter mitzunehmen außer etwas zu trinken – besonders bei warmer Witterung – und einem Handy.

Bei längeren Läufen sollte auch eine Kleinigkeit zu essen mitgenommen werden, eine Regenjacke, etwas Geld und eine gute Karte sichern einen des Weiteren vor unvorhergesehenen Situationen ab. Dies wurde bereits im Ausrüstungskapitel ausführlich besprochen.

Die richtige Schuhwahl ist bei einer langen Strecke von Bedeutung. Da man meist doch viel über Forststraßen, Schotterpisten oder einmal über Asphalt muss, macht es Sinn, einen etwas gedämpfteren und stabilen Schuh (also nicht gerade den Barfußschuh) anzuziehen. Die Füße müssen sich auch erst an eine längere Laufdauer gewöhnen und da schadet etwas mehr Stabilität und Schutz nicht.

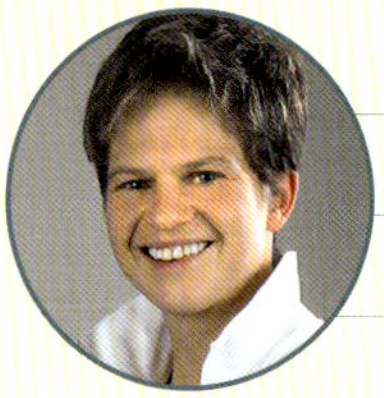

Tag 4: Landeck – Samnaun
(letzte und längste Etappe, 4Trails 2014)

Am Start schwankt die Stimmung zwischen angespannt und heiter; schon das Wetter macht die Stimmung besser und vor allem das Wissen, dass wir es fast geschafft haben. 45 km und zwei ordentliche Gipfel trennen uns aber schon noch vom Ziel. Aber dann: ein toller Zieleinlauf und ein noch tolleres Hotel, Cola und Cappuccino ohne Ende! So versuche ich, mich für die letzte Etappe zu motivieren, obwohl mein Körper zu allem nein sagt: Ich bin todmüde! …

Der Start, für mich immer noch aus Startblock A, ist rasant und die Hoffnung, dass wir gleich einen Anstieg haben, verflüchtigt sich schnell. Eine Streckenänderung bedeutet mal wieder ein relativ langes Stück auf Asphalt und flach. Meine Motivation sinkt und ich trabe nur noch vor mich hin. In Gedanken habe ich die Etappe schon aufgegeben, zumindest was eine gute Zeit betrifft. Was wiederum den Vorteil hat, dass ich wieder mehr Spaß am Laufen habe, da der Druck wegfällt. Will nur noch heil ins Ziel. …

Bei der zweiten Verpflegungsstation überrascht uns ein eiskalter Regenschauer. Also wieder Rucksack ab, Jacke an, aber meine Hände sind schon wieder schockgefrostet. Halte also ein paar Meter später wieder an, dieselbe Prozedur, dafür trockene Handschuhe und warme Hände!

Der Anstieg zur Ochsenscharte ist wie immer endlos: Matsch und Schnee machen das Ganze auch nicht einfacher. Technisch zwar keine Herausforderung, aber mental! Habe zwischendrin aber immer wieder die gleichen Gesichter um mich rum und so unterstützt man sich gegenseitig, wenn auch größtenteils schweigend ...

Die letzten 5 km über eine wellige Asphaltstraße meistern wir zu dritt. Eine sehr nette Runde und wir überreden uns gegenseitig auch mal wieder anzutraben. Genauso laufen wir auch ins Ziel ein!

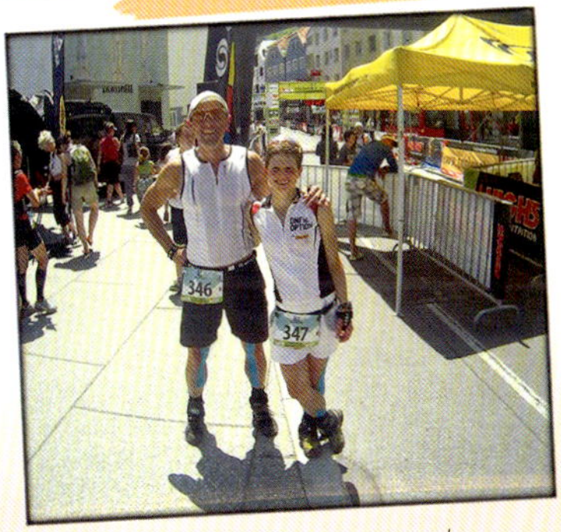

Im Ziel! Alle Anstrengung hat sich gelohnt!

Normalerweise werde ich von allen Emotionen beim Zieleinlauf überwältigt, aber diesmal bin ich kurzfristig einfach leer, aber unendlich froh, angekommen zu sein!

Tolle Stimmung bei schönem Wetter im Ziel. Die Schweizer geben alles, was die Versorgung betrifft, aber ich will eigentlich nur ins Hotel und genieße es unglaublich, nichts mehr organisieren und waschen zu müssen und mich einfach nur aufs Bett zu legen! Die Siegerehrung auf 3000 m Höhe verpassen wir fast ...

Das Ankommen im Alltag fällt mir extrem schwer, ich vermisse die Berge, mir fehlt schon fast der geregelte Tagesablauf und mein Körper zeigt mir jetzt deutlich, was er die letzten Tage geleistet hat.

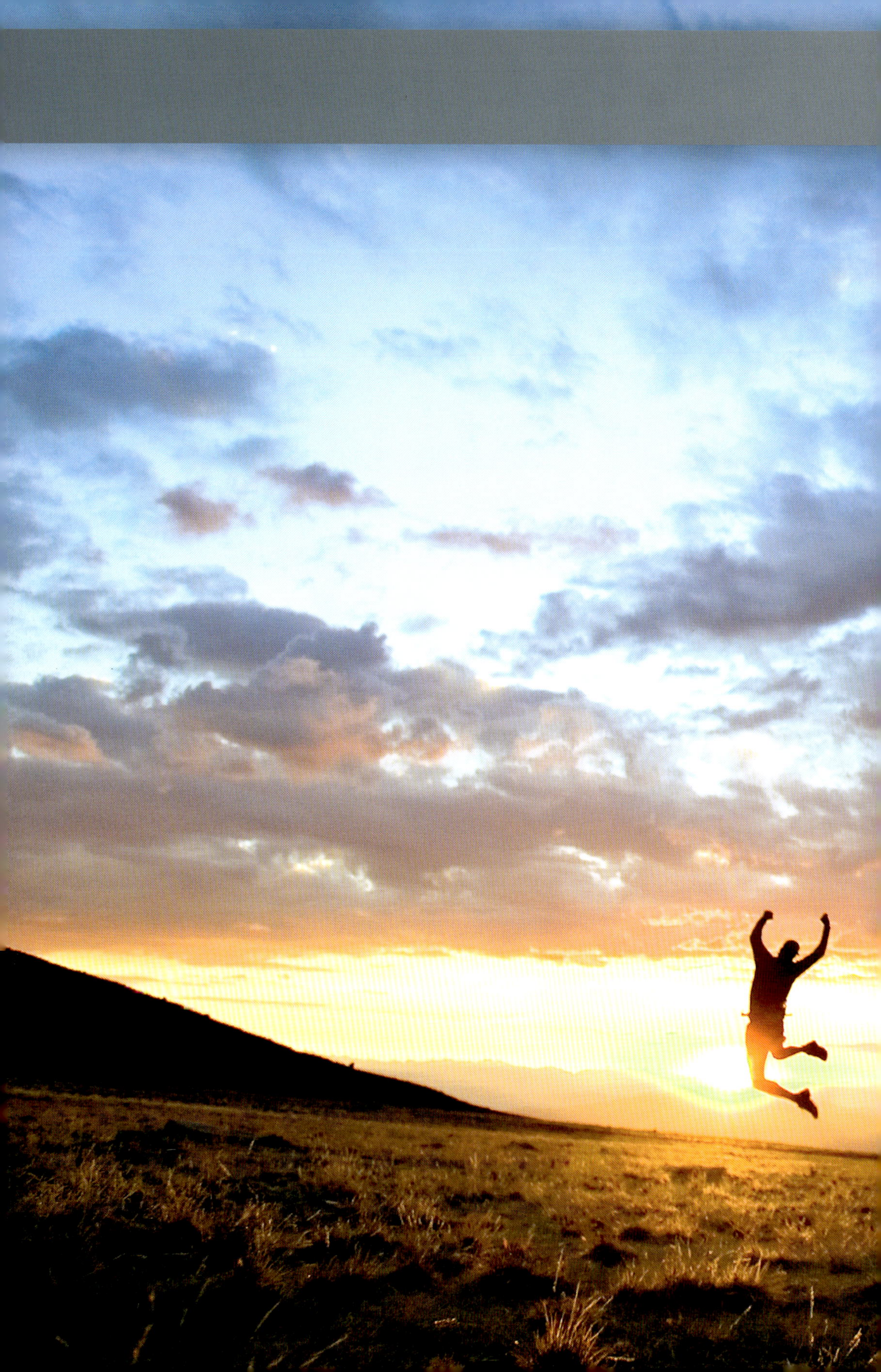

Zum Schluss – oder:

Jetzt aber raus hier!

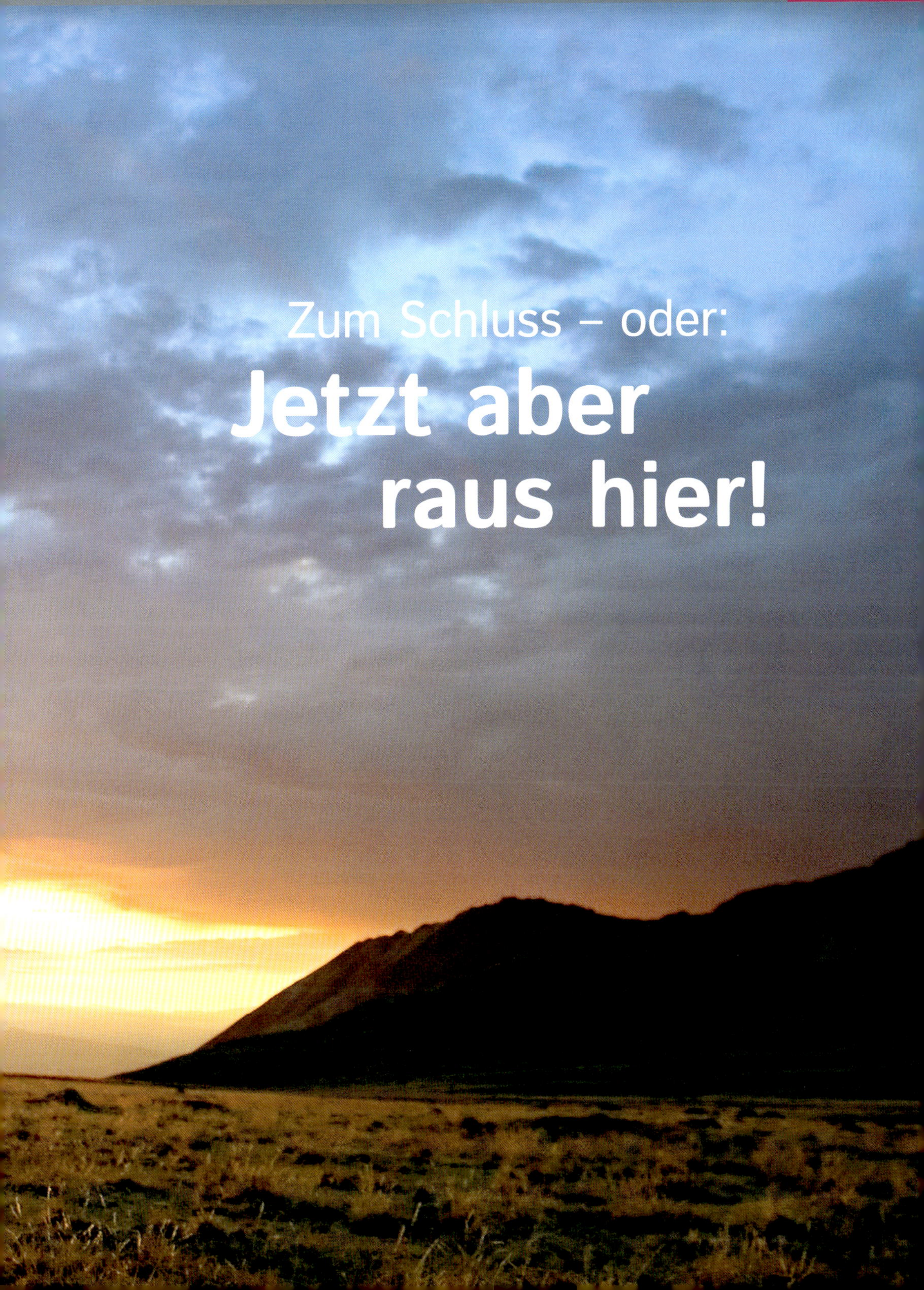

Jetzt aber raus hier!

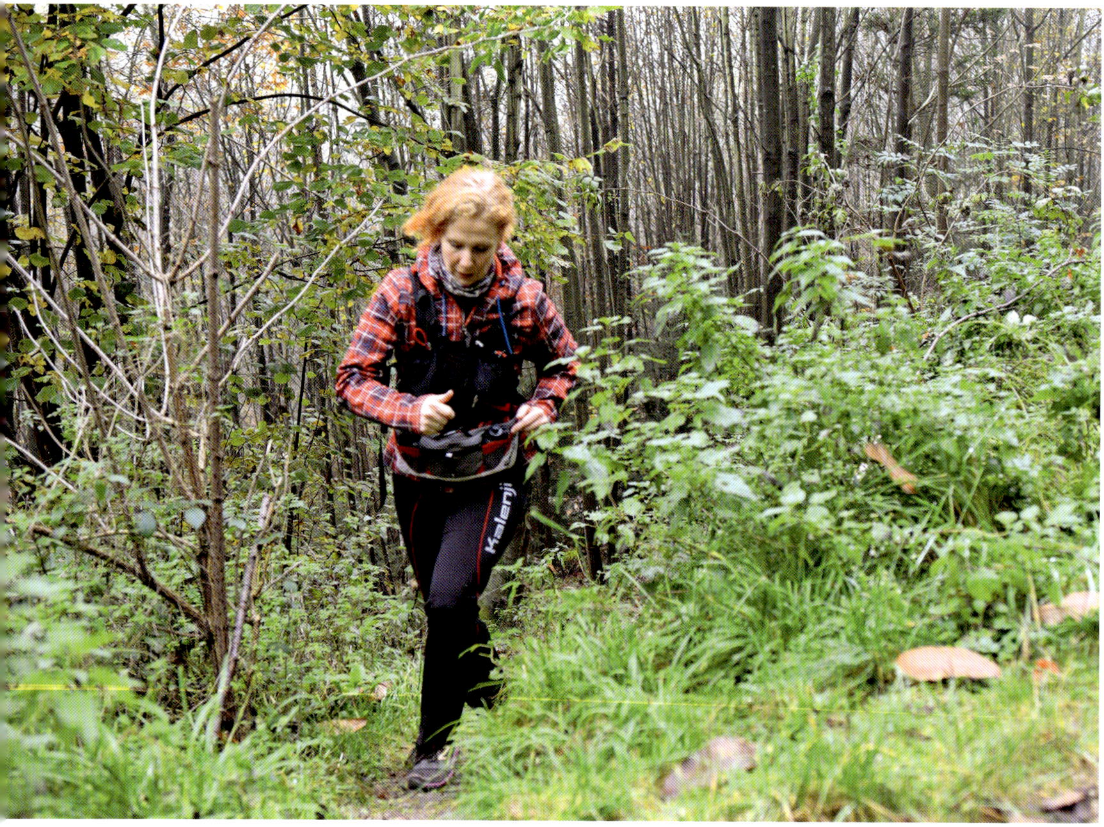

Oft sind tolle Trails ganz in nächster Nähe: Viel Spaß beim Entdecken!

Wir hoffen, wir haben eure Neugier geweckt und viele Fragen rund um diesen tollen Sport beantworten können, der so viel mehr ist als nur Fitness. Trailrunning ist ein Lebensgefühl: Wenn man mal damit angefangen hat, will man damit gar nicht mehr aufhören.

Falls es doch einmal an Motivation mangeln sollte …

10 gute Gründe zu laufen

1. Jeder Lauf, auch der ganz kurze oder langsame, ist eine Einzahlung aufs Lebenszeitkonto.

2. Trailrunning ist klasse und ich kann diese Begeisterung mit Freunden teilen – viele, auch unsportliche Menschen, sind sehr interessiert an diesem Sport.

3. Wir sehen einfach besser aus: Die Haut ist gut durchblutet, das bekommt auch kein Kosmetikstudio hin – und das ganz umsonst. Wir werden oder bleiben schlank und fit.

4. Ich verbrauche viele Extrakalorien, die ja auch wieder reindürfen.

5. Die Unlust zu laufen kann gar nicht so groß wie das schlechte Gewissen sein, wenn ich doch nicht laufe.

6. Meine Laune steigt garantiert um 100 Prozent! Dem Stress kann ich einfach davonlaufen und fühle mich entspannter und energiegeladener.

7. Vitamin D braucht der Körper zu jeder Jahreszeit! Besonders in der dunklen Jahreszeit hilft das Draußensein gegen depressive Verstimmungen und stärkt das Immunsystem.

8. Traillaufen macht schlau und kreativ. Es ist quasi Gehirnjogging in Reinform.

9. Ich schlafe nachts besser.

10. Ich kann mich auf die Dusche, die Badewanne und/oder die Sauna noch mehr freuen!

In diesem Sinne: Klamotten an und raus! Viel Spaß bei tollen Läufen im Wald, über Wiesen und Felder, in den Bergen oder in der Stadt.

Es gibt vieles neu zu entdecken und zu bestaunen, wenn wir es uns erlaufen. Das schließt auch unsere Ausdauer, unsere Kraft und ein ganz tolles Lebensgefühl mit ein!

Impressum

Faszination Trailrunning
ISBN 978-3-944526-24-9

Autoren
Stefanie Seiler-Runge
Marika Schmidt, Oliver Fischer

Projektleitung & Redaktion
Hendrik Schulze Kalthoff
Martin Frischauf

Gestaltungskonzeption
Pars pro toto Werbeagentur,
Jens Ratzel, Nadine Müller
www.parsprototo.com

Layout & Satz
Jens Ratzel, Nadine Müller

Herausgeber
Neuer Sportverlag
Silberburgstr. 112, 70176 Stuttgart
Telefon: 0711/66614-31
www.neuersportverlag.de

Bildnachweis/Fotografie

S. 4, 7, 10, 12, 19, 26, 28, 37 (1+2 v.l.), 40, 69, 98, 107, 108, 110, 124, 138, 142 © sportograf (Vielen Dank für die freundliche Unterstützung)

S. 3, 20, 48-51, 72, 77-97, U4 (2 v.l.) © Camera Creativ (Vielen Dank für die freundliche Unterstützung)

S. 5 (1 v.l.) 18, 32, 37 (unten), 46, 52, 103, 104, 136, 141, 149 © Kelvin Trautman (mit freundlicher Unterstützung von PlanB)

Icons © Happy Art - Fotolia.com
Illustration Berge © JiSign - Fotolia.com
S. 114 (1 v.l.) © volff - Fotolia
S. 114 (2 v.l.) © M.studio - Fotolia.com
S. 117 © photocrew - Fotolia.com
S. 119 © cirquedesprit - Fotolia.com
S. 121 © adisa - Fotolia.com
S. 123 © alex9500 - Fotolia.com
S. 129 © PhotoSG - Fotolia.com
S. 131 © Sura Nualpradid - Fotolia.com
S. 133 © goodluz - Fotolia.com
S. 134 © Liddy Hansdottir - Fotolia.com

Sonstige Fotos © Oliver Fischer, Marika Schmidt und Alex Runge

Titelbild, S. 2, 5 (2 v.l.), 11, 16, 25, 38, 39, 45, 47, 54, 71, 100, 146, 154, U4 (1 v.l., 3 v.l., unten) © PatitucciPhoto

PatitucciPhoto Mountain Sport & Travel Photography Als professionelle Hochgebirgssportfotografen arbeiten Dan & Janine Patitucci für die bekanntesten Unternehmen und Zeitschriften im Outdoor-Segment. Seit 1999 hat sich das Team auf die Trailrunning-Fotografie spezialisiert, als Ergebnis Ihrer eigenen Laufleidenschaft. PatitucciPhoto hat seinen Sitz in Interlaken, Schweiz.
Weitere Beispiele unter: www.patitucciphoto.com

Danksagung

Herzlichsten Dank an Alex Runge für seine umfassende und geduldige technische und logistische Unterstützung! Vielen Dank an Frau Dr. Claudia Sachße für Korrektur und erhellende Rückfragen und Impulse!

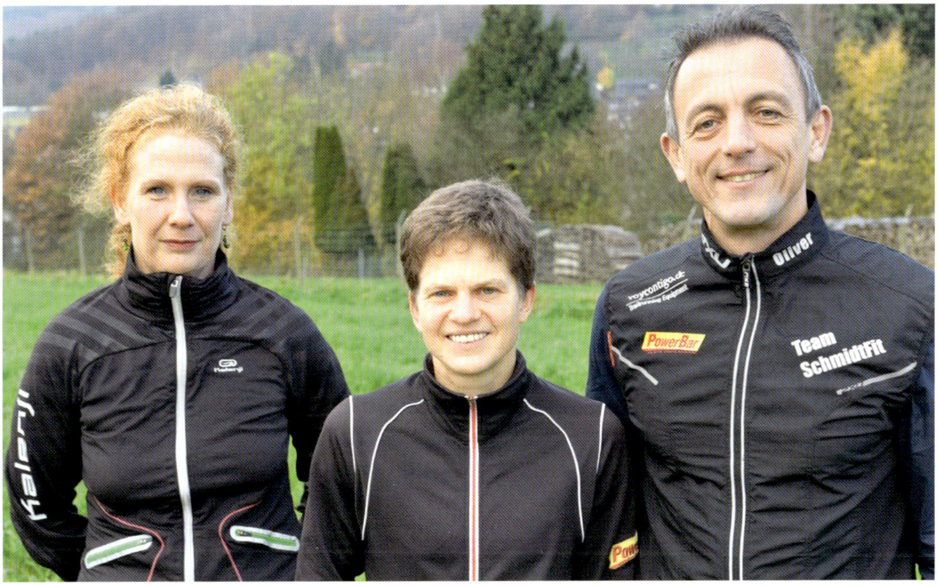

Stefanie Seiler-Runge, Marika Schmidt, Oliver Fischer

Fußnoten

1 Frank Thömmes, Faszientraining: Physiologische Grundlagen, Trainingsprinzipien, Anwendung im Team- und Ausdauersport sowie Einsatz in Prävention und Rehabilitation (2014). Broschiert.

2 Jan Prinzhausen, Martina Herget, Das Prinzhausen-Prinzip: Die Ernährungsstrategie zur Leistungssteigerung im Ausdauersport (2009).